借钱心理学

文 澜◎著

The Psychology of Borrowing Money

台海出版社

图书在版编目（CIP）数据

借钱心理学 / 文澜著 . -- 北京：台海出版社，
2024.7. -- ISBN 978-7-5168-3923-2

Ⅰ . F830.589

中国国家版本馆 CIP 数据核字第 2024AP3235 号

借钱心理学

著　　者：文　澜

责任编辑：魏　敏　　　　　　　　　封面设计：尚世视觉

出版发行：台海出版社

地　　址：北京市东城区景山东街 20 号　　　　邮政编码：100009

电　　话：010-64041652（发行，邮购）

传　　真：010-84045799（总编室）

网　　址：www.taimeng.org.cn/thcbs/default.htm

E - mail：thcbs@126.com

经　　销：全国各地新华书店

印　　刷：三河市越阳印务有限公司

本书如有破损、缺页、装订错误，请与本社联系调换

开　　本：710 毫米 ×1000 毫米　　　1/16

字　　数：170 千字　　　　　　　印　　张：10

版　　次：2024 年 7 月第 1 版　　　印　　次：2024 年 12 月第 1 次印刷

书　　号：ISBN 978-7-5168-3923-2

定　　价：59.80 元

前言
PREFACE

嘿，亲爱的朋友们！

你是不是有时候觉得，生活中总是有那么一些"意外惊喜"？比如说突如其来的好机会——心仪已久的商品打折，那个"一定要买下"的梦想的小玩意儿出现在你眼前。但摸摸口袋，钱包好像比脸还干净。

这时候，你心里想的就是："天哪，谁能借我点钱？"

你可能会问："借钱有什么好写的，不就是张张嘴，求求人吗？"其实这里面学问可大了！你以为借钱就是厚着脸皮去求人？那你可就大错特错了。借钱，绝不是去求人那么简单。它更像是一场精心策划的"战役"，需要策略和智慧，讲究说话的技巧和方法。

　　借钱，其实是一门艺术，更是一门心理学。"什么时候是最佳的借款时机""如何巧妙地开口借钱""在哪些情况下应该借钱，哪些情况下不要借钱"，以及"如何委婉地拒绝他人不合理的借款请求"……这里面可是有着大学问。

　　好了，让我们开始这场关于"借钱"的探索旅程吧！

目 录
C O N T E N T S

上篇　回应借钱有招

CONTENTS

CONTENTS

下篇　开口借钱有技巧

CONTENTS

回应借钱有招

你知道为什么总有人找你借钱吗？

别以为是因为你们的关系铁得不能再铁，也别以为是因为你们之间的友情或者亲情深不可测，更别沾沾自喜地认为你的人缘爆棚。

事实上，在他们开口之前，他们早已权衡了身边所有的人脉，而最终选择了你，其实是精心计算一番后的决定。

为什么？

因为在他们眼中，不还你钱所面临的后果是最轻微的。

他们可能会编织各种借口，打着各种旗号向你伸手。或许他们会说自己遇到了紧急情况，或者是突然间想要实现一个梦想，但实际上，这些人的洞察力异常敏锐，他们精准地捕捉到了你的善良，你的面子，你的所思所想，以及你那难以拒绝他人的性格。

人与人之间的关系，并非都是纯粹的。特别是在金钱面前，人性往往会暴露无遗。你今天慷慨地伸出援手，并不意味着每个人都会对你心生感激。有些人，或许会因为你的善意而更加肆无忌惮，甚至恩将仇报。

所以，别被甜言蜜语蒙蔽，对那些频繁借钱的"朋友"要多个心眼。他们的笑脸背后，可能藏着不为人知的算计。别让你的善良成为被利用的软肋，钱袋要捂紧，别做别人的"提款机"。勇敢拒绝无理借款，保护自己的利益，才能在生活中多些惬意，少些烦恼。

第一章
高情商回应别人借钱

男朋友五次三番找你借钱，要不要拒绝

当爱情与金钱交织，我们该如何抉择？面对另一半频繁的借款请求，你会坚守原则还是为爱情让步？

想象一下，你的男朋友一次又一次地向你借钱，理由层出不穷：生活费不够，有急事需要周转，看到了一个有潜力的投资项目……每次他都信誓旦旦地保证会尽快还钱，但事实是旧账未清，新债又起。这种情况，如果你遇到了，会如何处理？

让我们通过亭亭和李阳的故事，来探讨这个问题。在这个案例中，亭亭面对男友的多次借款请求，经历了从信任到怀疑，再到失望的过程。她的经历，或许能给我们提供一些处理类似情况的思路。

▶ **案例在线** ◀

第一次借钱时，李阳显得有些局促不安。他告诉亭亭，这个月的生活费有些紧张，希望能借点钱应急。

李阳："亲爱的，我最近生活费花超了，能借我 1000 元吗？"

亭亭："怎么生活费还能花超啊？"

李阳："突发了一些小事情，我需要点钱应急。"

李阳一开始的理由是"生活费不足"，现在又变成了"有急事儿"，李阳的"理由"还挺多变，从这里其实可以预见结果。

亭亭："好吧，你记得尽快还我。"

（转账 1000 元）

这时的亭亭心想："他可能是真的遇到困难了，我应该支持他。"她愿意为了爱情付出，甚至没有过多考虑借款的后果。

"突发了一些小事情"，这种模糊的理由可能隐藏了实际的问题，比如不良的消费习惯、赌博、债务问题等。他不明确说借款是为了干什么，你的钱借出去，感觉就像是肉包子打狗——有去无回，风险很大！

然而不久后，李阳再次找到亭亭，希望再借 3000 元。这次，亭亭有些犹豫了。她想起上次借出的钱还没还。

李阳："宝贝，能再借我点钱吗？这次需要 3000 元。"

亭亭："3000 元？你之前借的还没还呢！"

李阳："我知道，但这次真的很重要。我会尽快还你的，我保证。"

他上次借的钱尚未归还，这表明他可能存在还款能力的问题或者对还款并不重视。在旧债未清的情况下再借新债，风险无疑会加倍。尽管他承诺会尽快还款，但他并没有提供具体的还款计划或时间。这种模糊的承诺缺乏可信度，不足以作为借钱的依据。

亭亭遇到了自己的好朋友小芳。她忍不住向小芳诉说了李阳借钱的事情，希望得到一些建议。

亭亭："小芳，我遇到了点事情，想听听你的意见。"

小芳："什么事？"

亭亭："是李阳，他最近总是向我借钱。上次借的还没还，这次他又来借了。我不知道该怎么办。"

小芳："亭亭，你真的了解李阳的财务状况吗？他这样频繁地借钱，而且旧债未清又添新债，我觉得有些不妥。"

亭亭："说实话，我对他的财务状况了解不多。但他每次借钱时的眼神和承诺都让我觉得很真诚，我相信他是有难处才会这样。"

亭亭对李阳的小金库情况有点摸不清。她还不太清楚李阳的钱包稳不稳定，还欠不欠别人的钱，或者他到底要用这些钱来干什么。所以，在没弄清楚这些之前，随便借钱给李阳可能会让她自己陷入被动的境地。

小芳："我能理解你的感受。但你要明白，借钱给别人是有风险的，特别是当你对对方的财务状况不了解时，你要慎重考虑。"

亭亭："我知道，小芳。我其实也很矛盾。一方面，我想帮助李阳渡过难关；另一方面，我又担心自己会因为借钱而陷入困境。我再考虑考虑。"

小芳："嗯。"

几番思索之后，亭亭还是决定借钱给李阳。

两周后，李阳再次找到她，这次他要借 8000 元，声称要投资一个项目。亭亭终于无法忍受了，她拒绝了李阳的请求，并提出了分手。

李阳："宝贝，我遇到了一个大机会，需要 8000 元钱投资。你能再帮帮我吗？"

亭亭："8000 元？！你到底在做什么？为什么总是需要钱？"

他借款的金额越来越多，从最初的 1000 元，涨到了 3000 元，现在竟然要到了 8000 元！看着数字这么噌噌往上涨，亭亭开始觉得有点不对劲儿了。李阳的需求怎么就像个填不满的大坑，谁也养不起这么个"吞金巨兽"。

李阳："我已经告诉你了，这是个大机会，我不能错过。你是我最亲近的人，你应该支持我。"

他声称需要 8000 元来投资一个"大机会"，但并未给出具体的项目细节或可行的投资计划。这种情况下，必须开始怀疑他的真实动机，以及他是否有能力做好投资。

亭亭："我们分手吧。一周之内，把我之前借你的 4000 元还我。"

如果你是亭亭，你会怎么选？

A. 再信他一次，借钱给他　　B. 言而无信，马上分手

答案——B

眼瞅着借出去的钱越来越多，还款却遥遥无期，亭亭开始有点担心自己的小钱包了。为了保护自己的财产安全，不让自己的心情受影响，她得赶紧做个决定，跟这种金钱上的拉拉扯扯说再见。

▶ 跟伤情伤财的"渣男"说再见 ◀

频繁跟你借钱的男朋友可能存在以下问题：

财务不稳定或不负责任：频繁借钱可能表明他在财务管理上存在严重问题。他可能不擅长规划收入和支出，或者可能过于冲动，不善于做

出理智的财务决策。

依赖性强：频繁向伴侣借钱可能显示出他对你的经济依赖过强，这可能导致关系中的不平衡和潜在的矛盾。

缺乏独立性和自尊心：一个频繁向你借钱的男朋友可能缺乏独立解决问题的能力，这会影响他在其他生活领域的自信和决策能力。

▶ **话术实践** ◀

当男朋友总是找你借钱时，如何优雅且有效地拒绝？

1. 找借口

我们家打算买房子，我手里的钱都给我爸妈了，手里都没什么钱了。

我朋友的妈妈病了，我刚借给他 1 万元钱，现在兜比脸都干净呢。

如果想要拒绝男朋友借钱，你可以找个借口回绝对方，比如家里打算买房、钱借给了别人等。这样委婉地拒绝，能给彼此留有余地。如果对方情商高的话，自然就会明白你的态度。

2. 以其人之道，还治其人之身

哎呀，我正想找你借钱呢。我最近发现了一个很好的投资项目，需要 2 万元钱。

其实我的工资早就花没了，这几天都没钱吃饭了，你能借我点吗？

如果你的男朋友经常找你借钱，而且从来不还，那么，当他再次找你借钱时，你也可以向他借钱，这样一来就能把对方的话堵回去了，让对方知道你已经识破了他的小心思，不敢再继续找你借钱。

女朋友跟你借钱，该不该借

与男朋友借钱不同，女朋友借钱可能涉及更多复杂的情感和心理层面的东西。在传统观念中，男性往往被期望在经济上承担更多责任，因此女朋友借钱可能会引发不同的社会和文化解读。

想象一下，你的可爱女朋友突然有一天眨着大眼睛，对你说："亲爱的，能不能借我点钱呀？"这时候你心里恐怕要咯噔一下。

我们通过一个小故事来具体探讨这一现象，并分析其中涉及的各个因素和应对策略。这个小故事将帮助我们更全面地理解女朋友借钱所带来的独特问题和挑战。

▶ **案例在线** ◀

小梦和云华是一对情侣，俩人都刚刚毕业，在一个城市里找了工作。刚工作的小梦，总是透支自己的钱，她喜欢护肤品，喜欢名牌包，喜欢手链等饰品，可刚毕业的她手里并没有那么多钱，于是她便开口跟云华借钱。

小梦："云华，我最近想买一套高级护肤品，但我现在资金有点紧张，你能不能先借我点钱？"

云华："嗯，女孩子确实应该用点好的护肤品。没问题，我给你买。"

小梦："谢谢宝宝！"

云华："你开心就好，但也要记得合理规划自己的消费。"

云华认为女孩子应该用点好的护肤品，是出于一种"宠溺"或者"大方"的心态，很自然地答应了小梦的请求。此时，他还没有意识到小梦的消费习惯会成为他们之间的一个问题。

小梦："云华，我最近又看上了一款超级时尚的包包，是我喜欢的明星代言的呢！简直是我的"梦中情包"！你能不能再借我点钱？"

云华："这个包确实很漂亮，但价格也不便宜。"

小梦："你就借我点钱吧，我下个月发工资就还你钱。"

云华："这不是钱不钱的事儿，算了，我帮你问问朋友有没有渠道可以便宜点买吧。"

小梦："嗯嗯嗯，你真好！"

云华已经开始对小梦频繁借钱消费的习惯感到担忧。他已经意识到这种超前消费的行为不够理智。然而，他因为不想伤害小梦的感情或引起不必要的争吵并没有直接表达出来。

云华："小明，你知道哪儿能买到那款包吗？要便宜点的渠道。"

小明："那款包啊，确实挺火的。但云华，你这是要给小梦买吧？我听说她已经找你借了好几次钱了。"

云华："她确实很喜欢这些时尚的东西。我只是想帮她找找有没有更便宜的渠道。"

云华在沟通上也存在不足。虽然他表达了对小梦消费习惯的担忧，但他没有直接与小梦进行有效的沟通，而是选择向朋友寻求帮助。这种做法可能会导致小梦对自己的消费行为缺乏自我约束，进而对云华形成经济依赖，对两人的关系和未来的生活造成潜在的不利影响。

小明："云华，你得小心啊。别让自己成了她的'提款机'。爱她可以，但也不能这样无止境地满足她的消费欲望。"

云华叹了口气说："我也知道，但每次看到她失望的样子，我就心软。而且，我觉得作为男朋友，应该尽量满足她的需求。"

云华："我再给她买一次吧，麻烦你帮我找找吧。"

小明："行。"

虽然咱们得关心和理解另一半的小情绪，但这可不是无底线满足对方各种要求的借口。男士们得搞清楚，哪些要求是靠谱的、应该满足的，哪些要求可能有点离谱或者太过分了。要是什么要求都答应，女朋友就会习惯性地找你要钱，而男士们也会因此感到钱包的"压力山大"。

小梦："云华，我又想买一条手链，你能不能再借我点钱？"

云华："小梦，我们先坐下来聊聊吧。"

小梦："手链又不贵，为什么不能买？"

云华："不是不能买，但我觉得我们需要谈谈你的消费观念。一直借钱消费可能会对你的经济状况造成影响，也会给我们的关系带来压力。"

如果女友老是向男友借钱购物，那男友的钱包可就遭殃了。时间一长，出钱的那位可能会觉得累，觉得不爱了，心里也会有点小怨气。两个人如果花钱的观念不太一样，又没能好好聊聊这件事，最后一定会闹出些不愉快。

小梦："可是我就是喜欢这些东西嘛。"

云华："我理解你的喜好，但我觉得我们应该更加理性地消费。我们可以一起制订一个合理的消费计划，既能满足你的需求，又不会对我们的经济状况造成太大压力。"

如果经过长时间的沟通和努力，小梦仍然无法改变她的消费习惯，并且这种行为对云华造成了持续的经济和情感压力，那么云华可能需要重新评估这段关系的可持续性，甚至可能需要考虑分手。你已经做得很棒了，别因为自己是男朋友就当冤大头。

不要被男友身份绑架

经常借钱和超前消费的女朋友可能存在以下几个问题：

缺乏财务规划：这样的消费习惯往往意味着她没有很好的财务规划，无法合理安排自己的收入和支出。这可能导致她在经济上经常处于紧张状态，甚至可能因此产生债务。

消费观念不成熟：超前消费可能反映了一种即时满足的心理，缺乏对未来可能产生的经济负担的考量。有些人总是喜欢"今朝有酒今朝醉"，看到喜欢的东西就忍不住"买买买"，完全不考虑明天会不会因此"吃土"。这种"活在当下"的消费观，让人及时行乐，但也可能导致我们买很多其实并不需要的东西，造成浪费。

信用风险：频繁的借款可能会对信用记录产生不良影响，影响未来的借贷能力和信用评级。到时候想借钱都借不到，岂不是哭都来不及？还是悠着点，别把自己的信用透支了。

▶ 话术实践 ◀

当女朋友经常向你借钱时，该如何高情商地拒绝？

1. 坦诚相告

宝贝，你知道我现在的工资不高，每个月还要付房租，基本存不下什么钱啊。

我很乐意帮你，可我手头也不宽裕。不瞒你说，我的钱每个月还要给家里一部分呢。

女朋友找你借钱时，你可以直截了当地说明自己的难处，或是坦诚地告诉她你实际的财务状况。通过坦诚相告，让女朋友更好地理解你的想法，同时也能够避免对你们的感情产生负面影响。

2. 表达担忧

你能和我说说你的财务状况吗？咱们可以一起想想办法。

我觉得借钱会影响咱们的感情，我不希望将来为了钱和你争吵或是分手。

你可以告诉你的女朋友，你很担心她目前的经济状况，也可以提醒她，借钱可能会影响两个人之间的关系，让女朋友对自己的行为有所反思。

3. 设定界限

我可以帮你支付一些小额的费用，但大额的借款你可能要自己去想办法。

我觉得我们还是只谈感情比较好。我不希望既失去钱，又失去你。

你可以和女朋友明确地设定自己的界限和原则，让她清楚地知道你对于借钱的态度和底线，这样既能避免自己遭受财物损失，又能避免不必要的误解和冲突。

七大姑、八大姨都来借钱，如何应对

你是否也曾面临这样的情况：亲戚出于各种原因向你开口借钱，而你作为一个在大城市打拼的年轻人，手里有些积蓄，成了他们的"目标"。

面对这样的请求，很多人可能会感到为难。一方面，亲戚之间有着浓厚的血缘关系，互帮互助是传统美德；但另一方面，借钱往往涉及复杂的情感和利益纠葛，稍有不慎，就可能影响到亲情。

那么，当大姑、大姨们向你借钱时，你该怎么做呢？这里面的"坑"，你又踩了多少？

▶ 案例在线 ◀

小罗是杭州的一家媒体公司的运营总监，他身边的亲戚总是跟他借钱。

大姑："大侄儿，你现在在大城市里上班，每次逢年过节都给家里带那么多好东西，一看就收入不菲。你现在手头宽裕不？"

大姑在询问小罗手头是否宽裕时，其实就是想摸摸小罗的经济底，看看能不能从他那儿借点钱救急。可见，亲戚提到钱的时候，我们都得警惕一点，别一不小心就敞开钱包，任人拿取。

小罗："还行吧，大姑。在大城市里工作确实有一些机会，所以我在努力攒钱，想给家人更好的生活。"

小罗在大都市里稳稳当当地赚着可能让人眼红的薪水，而且对家里人也是出手大方、关怀备至。这样一来，家人们都纷纷觉得：这小罗，口袋里可是鼓鼓的，经济实力杠杠的！就连大姑都这么想呢。但是，千万不要被"你有钱，帮帮我怎么了"这句话"硬控"，不要当"救世主"，该出手时才出手。

大姑："你表哥不是要结婚了吗？我们想给他们办个体面点的婚礼。但是你也知道，现在婚礼花费都很高，我们手里有点紧张。所以，想问你能不能先借我们点钱应应急。我看你在大城市里赚得不少，应该能帮我们一把。"

小罗："还差多少啊？"

大姑："还差 3 万元。你放心，等他们结完婚，我们会尽快还你的。"

小罗："行，大姑。我这就给你转账。"

在大姑眼里，小罗就像一棵"摇钱树"，不仅收入稳定，跟家人的关系也是融洽得不得了。所以，大姑手头紧的时候，自然就会想到找小罗这个"财神爷"帮帮忙。不过，说到还钱这事儿，大姑可就有点含糊其词了，"还期不定"是个大概率事件。

过了一段时间，小罗的小姨也来找他借钱。

小姨："大外甥，你现在手头宽裕吗？你大姨夫最近看上了一个很有前景的理财基金，我们都很心动，想投一些。但是现在我们手头的流动资金不太够，你看能不能先借我点？这个基金收益应该很不错，等赚了钱，我们就还你。"

小罗："小姨，真不好意思。我手里现在确实没多少钱。之前大姑因为表哥的婚礼借走了一些钱。"

> 总有这样的人，借了钱之后，你不开口，他就不还；你要是一直不开口，他就一直不还。你要是不去伸手讨债，这笔借款绝对要被长期"雪藏"。随着时间的推移，你可能会面临资金紧张的情况。不主动追债的行为可能会给其他人传递一个错误的信号，让其他人误以为借钱后不及时归还也不会有什么后果。

小姨："哦，这样啊……那，你能不能帮忙问问你大姑，看他们能不能先还你一部分钱？"

小罗："好吧，小姨。我去问问大姑，但是我也不确定他们现在手头宽不宽裕。我尽量吧。"

> 小罗对于小姨的请求并没有直接拒绝，而是表示愿意去询问大姑是否能先还一部分钱，暗示小罗仍然有意借钱给小姨。但是频繁的金钱往来可能会给双方关系带来压力。一旦出现还款问题，原本和谐的关系可能会因此产生裂痕。

小罗："大姑，我想问一下，之前借给你们的那 3 万元钱，现在能还我吗？我现在有点急用。"

大姑："哎呀，大侄儿啊，真不好意思。婚礼和各种准备花费确实超出了我们的预算，我们现在也还在还其他人的钱。你看能不能再宽限一段时间？等我们有了钱一定马上还你。"

> 大姑明确表示由于婚礼和其他准备的花费超出了预算，目前无法偿还小罗的借款。这表明还款确实出现了问题。

小罗："大姑，我理解你们的难处。但是我现在也确实需要用钱，小姨他们想投资一个理财基金，但是资金不够，想找我借一些。"

大姑："要不这样，我尽量凑凑，先还你 1 万元钱。你看行吗？"

小罗："好吧。"

小罗："小姨，我刚问了大姑，他们现在手头也比较紧，但是答应先还我 1 万元钱。你们看够不够？"

小姨："1 万元啊……虽然有点少，但是也能起点作用。好吧，那我们就先拿这 1 万元投进去试试看。"

> 小罗展现了一种"老好人"的形象，对于亲戚的借款请求，他总是尽力满足，不愿意拒绝。频繁借钱给别人会严重影响小罗个人的资金流动性。说不定哪天小罗自己想买点什么，或是应急用钱时，一摸口袋才发现自己已经捉襟见肘。

▶ 别当家庭关系维系的老好人 ◀

亲戚们来跟你借钱，拒绝的话难说出口，可以适当借，但是不拒绝的"老好人"行为是不可取的，那样除了会造成资金流动性风险，还会有其他坏处。

难以追回借款：如对话中所示，当借款人无法一次性偿还借款时，小罗可能会面临部分借款无法及时收回的情况。亲戚一开口，他二话不说就把钱借了出去。可谁知道，这钱借出去容易，收回来可就难了。这不仅会影响他的资金使用计划，还可能导致长期的追债过程，耗费时间和精力。

引发家庭矛盾：小罗是出于好意借钱给亲戚，但如果借款无法按时归还，或者因为借款问题导致亲戚之间的关系紧张，亲戚之间因为这件事闹得不愉快，那岂不是好心办了坏事？

降低自己的生活质量：为了满足他人的借款需求，小罗可能需要缩减自己的开支或者推迟自己的投资计划，这会影响他的生活质量和未来规划。

无法建立健康的财务边界：小罗的"老好人"形象可能让他难以拒绝他人的借款请求，这会使得他的个人财务边界变得模糊。长期下去，他可能会发现自己总是处于被借钱的状态，而无法掌控自己的财务状况。

▶ **话术实践** ◀

遇到亲戚借钱，如何高情商回应？

1. 询问原因

借钱？大姨，您遇到什么困难了吗？

我当然愿意帮您啦，不过您也得让我知道您为什么要借钱呀？

亲戚借钱时，你可以先询问对方原因。如果亲戚确实突然遭遇了变故，或是急需救命钱，你可以视情况尽一份心意。但是，如果对方连原因都不愿意说，或者对方为了一点小事而借钱，你就可以理所当然地拒绝他。

2. 以退为进

您可是咱们这些亲戚里面最有钱的了，我还打算找您借点钱呢。

您儿子不是月入过万吗？我才月入3000元。您还用得着找我借钱吗？

面对喜欢占便宜的亲戚，你可以用"以退为进"的方法，把对方置于一种无奈的境地。如果对方比较爱面子的话，这个办法能够让对方根本没有办法再继续说下去。

总跟你借钱的闺密、兄弟，
怎么拒绝不伤感情

　　面对兄弟、闺密的借钱请求，你可能会想，毕竟大家是兄弟、是闺密，互相扶持是理所当然的。于是，在友情的驱动下，你选择了大方出手。然而，当还款的日期一次次被推迟，当承诺变得模糊，你是否会开始质疑自己的决定？

　　当然，拒绝借款可能会让你觉得对不住朋友，甚至担心因此损害了你们之间的关系。但反过来想，真正的友情是否应该建立在金钱之上？又或者，有些人是否值得你倾囊相助？

　　我们通过一段对话来展示这种复杂的情境。在这段对话中，你将会看到一个基于友情的借款是如何开始的，以及当还款变得遥遥无期时，友情又是如何受到考验的。希望通过这个案例，能够让你更加明智地处理类似的情况。

▶ 案例在线 ◀

胡正和徐之晓是一起长大的发小，关系一直非常亲密。长大后，两人各自发展，但仍然保持着深厚的兄弟情谊。

徐之晓："正哥，最近手头真的有点紧，能借我点钱吗？下个月就还你。"

胡正："没问题，兄弟之间互相帮忙是应该的。"

（一个月后）

徐之晓："正哥，这是上次借你的1万元钱，多谢了！"

胡正："不用客气。兄弟间就应该这样。"

这次借款经历看似顺利，但其中潜在的风险不容忽视。虽然徐之晓这次很讲信用，但谁也不敢保证他每次都这么靠谱。胡正这次借钱时也没多问几句，徐之晓到底拿这些钱去干什么了？说不定他拿去做高风险的投资，那钱可就"没影了"。借钱，他为什么不找银行，不找父母，偏偏找上你？你要是愿意相信"他是信任你"，那你太单纯了。

（第二次借钱与部分还钱）

徐之晓："正哥，再借我点钱吧，急用。这次比较多，5万元，但我保证10天后就能还你。"

胡正："呃……这么急，而且这次这么多？"

徐之晓："是啊，我遇到点紧急情况。帮帮忙，正哥，10天后我绝对还你。"

虽然之前有过按时还款的记录，但大额借款往往伴随着更高的违约风险。这次借钱可是大手笔，徐之晓虽然以前还钱很准时，但你得知道，借的钱越多，风险也就越大。要是他这次没能在10天内把钱还上，那胡正可就损失大了，这可不是闹着玩的。对方每次借钱好像都没说要用什么来抵押或者担保。这笔钱借出去，要是徐之晓赖账不还，胡正想靠法律手段把钱追回来，那可真是难上加难。对于借钱这事儿，别只看着之前的"好记录"就放松了警惕，不然最后可能得吃个哑巴亏。

（10 天后）

胡正："之晓，你说的 10 天后还钱，但现在只还了 2 万元，剩下的钱什么时候能还？"

徐之晓："正哥，对不起，我最近手头还是有点紧张，能不能再给我 10 天时间？"

胡正："但是你之前说的是 10 天后就能还清啊。"

徐之晓："我知道，正哥，情况有变，我现在确实有点困难。"

（10 天后）

徐之晓："正哥，这是你的钱，还多给了你 5000 元，当作利息和感谢。"

胡正："之晓，这 5000 元你拿回去吧，兄弟之间不需要这个。"

徐之晓："不，正哥，你一定要收下。你帮了我大忙。"

尽管徐之晓最终偿还了借款并支付了额外利息，但他的延迟还款行为可能会对他在胡正心目中的信用造成损害。额外的 5000 元利息，就像是精心布置的陷阱，表面上看似是给胡正的一点小甜头，实际上却可能是诱导他未来继续出借资金的诱饵。这种诱惑，极有可能让胡正一步步踏入更高风险的借贷游戏，追求那看似诱人的高回报。

（又过了两周）

徐之晓："正哥，我有个大项目，需要点资金，能不能再借我 10 万元？一个月后项目结束我就能还你。"

胡正："这次金额太大了，我有点担心。你能告诉我具体是什么项目吗？"

徐之晓："是个赚钱的大项目，但现在还不能透露太多。你相信我，一个月后我绝对能还你。"

胡正："不是我不相信你，但这次金额确实太大了。你能给我看看项目的相关资料吗？这样我也好放心。"

徐之晓突然变得支支吾吾："那个……项目资料都是机密的，现在还不能给你看。"

胡正开始警觉："如果真的是好项目，你应该不介意给我看看资料吧？毕竟这是 10 万元钱。"

徐之晓："正哥，我真的不能给你看。你如果不相信我，那就算了。"

> 徐之晓对于项目的具体细节只字不谈，甚至以机密为由拒绝提供任何资料。要是他把钱拿去搞些高风险或者不合法的勾当，别说按时还钱了，搞不好还会把出借人拖下水。人好心善的你，因为借了笔钱而把自己搭进去，未免也太亏了。所以，借钱还是小心点，防人之心不可无。

▶ "钱"或许能使"好朋友"变成"坏朋友" ◀

好兄弟、好闺密频繁借钱的坏处：

影响双方关系： 频繁借钱可能会对原本亲密的关系产生负面影响。这钱借还是不借？借了，自己手头紧；不借，又觉得对不起朋友。金钱问题往往容易引发矛盾和争执，即使是最好的朋友也可能因此产生隔阂。

造成经济负担：一方频繁向另一方借钱，会给被借款的一方带来经济压力。谁的钱也不是大风刮来的，尤其是当借款金额较大或借款周期较长时，就更让人头疼了。

破坏信任：频繁借钱可能会让出借人觉得对方缺乏财务管理能力或责任感，从而损害彼此之间的信任。

产生依赖心理：频繁借钱可能会让借款人产生依赖心理，失去自主解决问题的动力和能力。

如果想改变借钱的习惯，可以尝试以下方法：

制订预算计划：制订合理的预算计划，确保自己的开支在可控范围内，避免因为过度消费而需要频繁借钱。别总当"月光族""剁手党"，要对自己的钱包负责。

提高财务管理能力：学习理财知识，提高自己的财务管理能力。"你不理财，财不理你"，还是得合理规划收入和支出，避免陷入经济困境。

寻求专业帮助：如果觉得自己实在搞不定财务问题，也可以寻求专业帮助，比如找个财务顾问指导自己。

培养自律和储蓄习惯：养成定期储蓄的习惯。俗话说"手里有钱，心里不慌"，定期存点钱以备不时之需，也能减少向别人借钱的次数。

虽然咱们都说"朋友之间要互相帮助"，但当借钱变得太频繁，你就得好好琢磨琢磨了。有时候，学会说"不"，并帮他们找找其他解决办法，也许才是对大家都好的选择。毕竟，真正的友情不是建立在金钱上的。

▶ **话术实践** ◀

面对好朋友的借钱请求，该如何既能维护住友情，又能巧妙地拒绝？

1. 拖延时间

我马上要还贷款，你要是不着急，等我还完贷款再借给你。

你看能不能等等再说？我现在手头紧，等有钱了，一定会借给你的。

你可以和朋友说自己最近正处在经济紧张的情况之中，暂时没有多余的钱可以借给他，等之后手头宽裕了再借给他。把借钱的时间向后拖，让对方意识到借钱这件事情不太容易实现，从而知难而退。

2. 用同样的理由拒绝对方

你们公司也发不出工资啦？我们也一样啊，两个月没发工资了。

你要买房吗？真巧，我家里人口多了，也打算换套大房子。

当朋友用某种理由来和你借钱时，你可以直接告诉对方，你和他有着一样的困难，面临着一样的难题，也就是说，用和对方一样的理由来拒绝对方。这样对方就没办法反驳你，也就不会再继续纠缠你了。

3. 有条件地借钱

我可以借给你，但是你必须在 1 个月之内还给我。

5000 元太多了，我只能借给你 1000 元，我一个月工资才 3000 元呢。

如果朋友不止一次来找你借钱，你可以设定一些借款的条件，比如要求对方在一定的时间内还款、不能超过一定的数额、要求对方提供抵押物或担保人等，这样能侧面提醒对方，找你借钱并不是那么容易的事情，从而在一定程度上避免损失。

老板找你借钱，一定远离

生活中，职场关系错综复杂，员工与老板之间的互动往往基于工作，但有时也可能涉及一些意外情况。就如同买彩票一样，虽然中奖的概率不高，但总有那么一丝可能性。

你可能会遇到一种特殊而微妙的场景：老板向你借钱。这种情况发生的概率虽小，却并非不存在。当一直以来在你心目中威严、稳重的老板，突然以私人身份向你提出这样的请求，你会如何应对？是出于忠诚和信任伸出援手，还是坚守个人原则拒绝这一不寻常的要求？

▶ **案例在线** ◀

老板："小张，你来我办公室一下，我有点事想和你聊聊。"

小张："好的，老板。有什么事吗？"

老板："嗯，小张，你最近在公司过得怎么样？工作还顺利吗？"

小张："还行，老板。工作挺顺利的，团队氛围也挺好的。"

老板很聪明，他先用一些工作上的话题跟小张拉近距离，让小张感觉自在，不那么紧张。这样，等老板想借钱的时候，小张就不会那么警惕，更容易答应。简单来说，就是老板先和小张聊聊工作，让他放松，然后再提借钱的事，这样小张可能就不会那么抵触了。

老板："那就好。你觉得咱们公司现在有什么问题吗？我想听听你的看法。"

小张："我觉得咱们公司在市场推广方面还可以做得更好。另外，我们的产品线似乎有些单一，如果能拓展一些新的业务领域，可能会更有竞争力。"

老板在潜移默化中增强了与小张之间的信任。这种信任对于后续的借钱请求至关重要，因为它可能会让小张更愿意考虑老板的请求。

老板："你的观点很有见地，小张。我确实也在考虑这些问题。不过，公司目前遇到了一些财务上的困难，需要资金周转一下。我想跟你商量个事儿，看你能不能借点钱给公司。"

小张："借钱？老板，我有点意外。我怎么会有钱借给公司呢？"

老板："你在这里干了这么多年，工资也挺高的。我知道这对你来说可能有点突然，但我真的很需要这笔钱。大概需要 50 万元，你看能不能帮个忙？"

小张："老板，您知道，我的钱都在我老婆手里管着。我每个月就留点零花钱，没那么多钱。"

50 万元，对于一个员工来说，真不是一个小数目。可是，老板为什么不去贷款呢？为什么不找其他的老板们借呢？偏偏要找一个员工借？还有，他提出一个较大的金额，可能是在试探小张的经济实力和借款意愿，以便更好地了解小张能否成为他的帮助者。

老板："我理解你的难处，小张。你看这样行不行，30 万元也行。或者，这笔钱就算是你入股公司怎么样？这样你也就是公司的老板之一了。"

小张："老板，这事儿我得跟我老婆商量一下。家里的钱都是她管的。"

老板："当然，你去吧。尽快给我答复。"

如果小张选择入股公司，他将面临成为公司股东的相关风险。首先，作为股东，他将与公司共同承担经营风险，如果公司经营不善，他的投资可能会遭受损失。其次，入股意味着小张的资金将被锁定在公司中，流动性降低，不能随时取回。最后，作为股东，小张需要参与或至少关注公司的经营情况，这可能需要他投入更多的时间和精力。关于这段话，你只需要知道一点，老板跟你借钱，让你入股，很大可能就是钱没了，公司要倒闭了。

（过了一会儿）

小张："老板，家里的钱全都存在定期里了，每个月我们只留5000元用于日常开销，实在是拿不出这么多钱来。老板，如果有需要我帮忙的地方，您尽管说。但借钱这事儿，我真的是无能为力了。"

▶ 别替老板承担资金风险 ◀

借钱给老板存在一定的风险，员工在做出决定前应该仔细考虑：

资金安全：把钱借给老板，你得先掂量掂量，这可不是小数目。老板虽然看着风光，但万一他背后有什么隐情呢？要是公司突然产生翻天覆地的变化，员工借出的资金可能会面临无法回收的风险。再说，老板要是投资失败，或者遇到什么法律问题，你的钱岂不是也跟着打水漂了？

关系变化：借贷关系往往会给原本单纯的工作关系带来复杂性。本来大家在一起工作很开心，你突然成了老板的"债主"，那以后见面还怎么愉快地打招呼呢？要是老板一时还不上钱，你总不能天天追在他屁股后面要债吧？这种事会在公司造成一定的负面影响。

法律风险： 在借贷过程中，如果没有签订正式、详细的借款合同，或者合同中的条款模糊不清，一旦发生纠纷，员工可能会面临法律上的困境。借钱这事儿，口说无凭，得签合同才行。但要是合同没写清楚，或者根本就没签，以后要是产生纠纷，你可就欲哭无泪了。

▶ 话术实践 ◀

在单位里，老板向你借钱时，可以通过以下方式委婉地拒绝：

1. 转移矛盾

我们家的钱都归我老婆管，借钱的事我得回去"请示"一下，让您见笑了。

我的工资都上交给我妈了。上回我想换手机，她都没同意呢。唉，日子太苦啦。

老板找你借钱时，你可以用自己的老婆或父母当作"挡箭牌"，把不借钱的原因都推到他们身上，顺便再向老板诉一下苦，表情要无奈一些。毕竟老板不可能去找你家人借钱。

2. 交代真实的存款数额

您看我这银行卡里就剩 500 元啦，再借出去我就喝西北风啦。

不瞒您说，我每月发了工资，我老婆就取走当生活费了，就给我剩几百元。

你可以直接把自己的收入情况告诉老板，或者直接给老板看自己的银行卡余额，让老板了解你的真实情况，对方可能就不好意思继续借了。

多年不联系的初中同学，
该拒绝就拒绝

我们每个人的记忆深处都珍藏着一段青涩的校园时光。初中的走廊里，我们肩并肩地走着，欢声笑语回荡在教室的每个角落。那些年，同学之间的情谊纯粹而深厚，一起度过的青春时光如同一幅永不褪色的画卷。然而，随着时间的流逝，我们各自走向了不同的人生道路，有些人逐渐淡出了视线，但那份同学情，却始终铭记在心。

只是，在这纷扰复杂的社会里，总有一些人会借着那份难忘的情谊打起感情牌，试图获取一些利益。而情感和利益交织在一起，往往容易使得原本单纯的关系变得复杂，甚至导致关系破裂，让曾经的美好荡然无存。

▶ **案例在线** ◀

李强突然收到了一条信息，是来自初中时的老同学王磊。

王磊："强哥，好久不见，最近怎么样？"

看着手机屏幕上的消息，李强的思绪被拉回到了那个穿着校服、充满朝气的年代。

李强："是啊，好久不见，一切都还好。你呢？"

李强的老婆小红走了过来，看到李强拿着手机面露微笑。

小红："和谁聊天呢，这么开心？"

李强："是我初中的老同学，好久没联系了。"

通常情况下，如果一个人长时间未与他人联系，突然恢复联系时往往有一定的目的。在日常生活中，金钱问题是一个常见的联系旧友的原因。人们可能会因为面临经济困难，而寻求旧友的帮助。由于向银行贷款或寻求其他正式渠道的资助可能更加困难或耗时，他们可能会选择向信任的旧友开口借钱。社会心理学中的"亲近原则"也表明，人们在寻求帮助时更倾向于联系那些他们认为与自己有共同历史、共同记忆的人，因为这种亲近感能增加获得帮助的可能性。

王磊："我也还不错，就是最近遇到点困难，想找你帮帮忙。"

小红凑过来看了一眼，警觉地问："他找你帮什么忙？"

李强："他还没说，不过我猜可能是想借点钱。"

王磊："我最近手头有点紧，想借点钱周转一下，你看能不能借我两万元钱？等我缓过这阵子，一定还你。"

小红："借钱？你们这么多年没联系，你了解他现在的状况吗？万一他还不上怎么办？"

王磊在寒暄之后直接提出了借钱的要求，这验证了"大概率是借钱"的假设。这种行为模式符合人们在社会交往中因经济需求而重新建立联系的常见情况。小红的警觉和担忧也很有道理，毕竟谁都知道，有些人就像"冬眠"的熊，平时不声不响，一到关键时刻就冒出来找人"化缘"了。

李强："我也不太确定，但是我觉得他既然开口了，可能是真的遇到困难了。"

小红："李强，你不能轻易答应他。我们现在也有家庭、有孩子，开销也大，不能冒险。"

李强："磊子，你知道，我现在也有家庭、有孩子，开销也大。这样，我帮你想想办法，看看能不能凑点给你。"

小红："你还是要借给他？万一出了问题怎么办？"

王磊："强哥，真的太感谢你了！我就知道你会借给我的！"

（转账1万元）

由于双方已经长时间没有联系，李强对王磊目前的财务状况、信用状况和借款原因可能了解不足。这种信息不对称增加了借款的信用风险。有时候人们借钱，说不定就拿去"耍"了，比如赌两把试试手气，或者投点不靠谱的资，搞不好就砸手里了。

自那之后，王磊就再也没有提起这件事。两个月过去了。

小红："那个王磊，他还没还你钱吗？"

李强："没呢。"

李强："磊子，最近怎么样？那笔钱你什么时候方便还？"

王磊："我现在没钱，等有钱了再还你。"

李强："磊子，我们都是老同学，互相帮助是应该的，但我也需要那笔钱。你看能不能给个确切的还款时间？"

王磊："我都说了现在没钱，你一直催什么？"

李强再发信息过去时收到的却是红色"感叹号"。

在借款时，李强未要求王磊提供任何形式的担保或抵押物，这是最大的失误。担保、抵押物，在法律上可是个"定心丸"，万一借款人赖账，咱们还能有条后路，拿这些东西来弥补损失。没有担保物或抵押物的支持，法律程序可能会变得更加复杂和耗时，而且最终能够追回的资金也可能会大打折扣。

老同学提借钱，马上删除回忆

多年没见面的老同学来借钱，其风险主要体现在以下几个方面：

信息不对称风险： 你和老同学好久没打交道了，他现在怎样，信誉如何，经济能力又怎样，你心里完全没底。这种信息不对称使得你难以准确评估其还款能力和意愿。

高违约风险： 这么久没联系，他现在人品怎样，生活习惯如何，你恐怕都不大清楚。这就增加了他可能不还钱的风险。

追讨困难： 通过法律追讨债务，也不是那么简单。没签正式的借款合同，万一产生纠纷，追债可谓难上加难。就算签了合同，跨国、跨地区打官司也是个大麻烦，费钱又费力。

关系破裂风险： 金钱问题很容易导致人际关系紧张甚至破裂。要是老同学不按时还钱，那份珍贵的同学情谊可就一去不复返了。

诈骗风险： 突然冒出来的多年没见的老同学，说不定就是个骗子。他们可能看你对老同学十分怀念，从而冒充你的老同学诈骗你的钱财。

真正的友情不是靠金钱来维系的。他要是真把你当朋友，就不会轻易开口向你借钱，让你为难。所以，别被所谓的"情谊"蒙蔽了双眼。

话术实践

多年没见的同学向你借钱时，可以用下面的方法礼貌地拒绝对方：

1. 讲自己的难处

我现在可是"房奴"，光贷款就得还100多万呢。我真是爱莫能助啊。

咱们都是老同学，我当然信你了。不过，我老婆刚生了孩子，我现在也缺钱啊。

对方找你借钱时，你可以多讲讲自己的难处，让对方知道你也很不容易。你讲的这些难处，其实都是为了接下来的拒绝做铺垫。

2. 转移话题

咱们可有10年没见了。你和咱们班的同学还有联系吗？

上回班长还和我说，想要办一场同学聚会呢，这一晃那么多年没见，怪想你们的。

在你表达了自己很困难以后，谈话氛围可能会变得比较尴尬。在这时，你可以转移一下话题，既能通过新的话题来转移对方的注意力，又能缓和气氛。

◀ **借钱小知识** ▶

什么情况下该借？什么情况下不该借？

借钱给别人时，我们首先要考虑以下三个因素：时间、金额和目的。

借款的时间： 如果对方借钱是出于紧急情况，比如临时缺钱、患急病等原因，确实需要我们的帮助，我们可以考虑借给对方。但是，如果对方的需求并不紧急，而是为了缓解自身的贫困状况，我们就要保持警惕，并且考虑拒绝借款。

借款的金额： 借款金额较小，在我们的承受范围之内，即使对方不还也不影响我们的生活，就可以考虑借款。反之，我们应该婉言拒绝对方。

借款的目的： 如果对方借款的理由合理且充分，比如要治病或突发意外等，可以考虑借款。但是，如果对方借钱是为了高消费或其他非必要的开支，我们应该拒绝借款。

另外，如果有以下几种情况也不应该借钱给对方：

信誉不佳： 对方之前有过欠钱不还或没有按时归还的情况。

关系疏远： 对方与我们的关系不够亲密，既没有血缘关系，也不是很亲近的朋友。

自身困难： 我们自身的经济状况不佳，无法承担借钱的风险。

如何防范借钱的风险？

评估借款人的信誉和偿还能力。

确保借款用途合法，如果借款用于赌博等违法活动，则不受法律保护。

签订书面协议或写借条，并妥善保存。

约定好还款期限，有利于减少纠纷。

对于大额借款，最好要求对方提供担保或抵押。

第二章

这些借钱理由，别轻信

朋友找你借钱创业，借还是不借

在这个快节奏、充满变化的时代里，创业似乎成了大家追逐梦想的热门选择。谁不想成为成功人士呢？创业这件事，听起来挺"酷"，但也不是那么容易。除了得有点子、有干劲，还得有资金支持才行。

某天，你的好朋友突然跟你说："兄弟，我想创业，能借我点钱吗？"这时候，你心里可能开始犯嘀咕了。一方面，你想帮兄弟一把，毕竟大家是朋友；但另一方面，你也得想想这钱借出去，能不能收得回来，毕竟创业这件事，成功了当然好，失败了还款可能遥遥无期。

那么，借还是不借呢？这真是个让人头疼的问题。其实，这不仅仅是关乎钱的问题，还得考虑你和朋友之间的关系、你对风险的承受能力，以及你自己的财务规划。

▶ 案例在线 ◀

杨光："好久没见了，你近来如何啊？"

王志："还行吧，工作挺忙的。你怎么样？听说你想创业？"

杨光："是啊，最近确实在琢磨这事儿。但说实话，资金有点周转不开。你看能不能借我点钱应应急？"

王志："借多少？但你得先跟我说说你的项目，我总得知道钱花哪儿去了吧。"

杨光："这个嘛，具体的细节现在还不太方便透露，商业机密你懂的。但我可以向你保证，绝对不是瞎折腾。"

王志虽然问了杨光的创业项目，可当杨光拿"商业机密"来当说辞的时候，他就没再深究了。王志应该多问问杨光，搞清楚这钱到底要用在哪儿。要知道，借钱之前，了解清楚钱的去向可是大事，这跟评估风险、猜猜杨光能不能还钱息息相关。

王志："这么神秘。不过咱俩这关系，我信你。说吧，要借多少？"

王志这回可是有点大意了，杨光一开口，他没怎么细想就答应了。说实话，他对杨光的"创业大计"了解得还不够深入。万一杨光的项目出了什么问题，王志的钱可就打水漂了。王志没有做充分的风险评估，这钱借出去，能不能收回来都得打个问号。

杨光："10 万元，就三个月，项目一赚钱我马上就还你。"

虽然杨光哥拍着胸脯说"项目一赚钱，我立马就还你"，可这话说得有点含糊。王志应该跟他明确一下，比如"咱们定个具体的还款日期、还款方式，还有要还多少钱，这样我心里也有个数"，免得到时候有什么误会或纠纷。

王志："10 万元啊，这可不是小数。不过，既然你这么说，我就借给你吧。但你得尽快还我啊。"

杨光："绝对没问题，你就放心吧！"

王志没让杨光提供任何担保或抵押物，万一杨光的项目失败了，或者他就是还不上钱，王志岂不是欲哭无泪？

王志这次借钱给杨光，很大程度上是因为他俩关系好，信任彼此。但话说回来，在金钱问题上，光有信任可不够。王志应该理性一点，好好评估一下这个借款请求，避免感情用事。

（三个月后）

王志："你的项目赚钱了吧？是不是该还我钱了？"

杨光："实不相瞒，项目刚起步，资金还是紧张。我能不能先还你5万元，剩下的过段时间再给你？"

王志："这样啊，行吧，那就先还5万元吧。但你得给我个确切的还款时间啊。"

杨光："再过两个月，我一定把剩下的钱都还上。"

杨光一说要晚点还钱，王志立马就答应了，这样可能会让杨光觉得王志其实不怎么在乎还钱这事儿，那王志的债权地位可能会发生动摇。

王志虽然同意了杨光先还5万元，剩下的钱慢慢还，但应该趁机问清楚，剩下的钱到底什么时候还，还多少？这得搞清楚，不然以后还款的事儿就变得稀里糊涂的。

王志真的是太迁就杨光了。虽然要理解和支持朋友，但王志也得想想自己，在理解的同时，也得坚持自己的权益和原则。免得到时候钱没要回来，朋友也没法做了，那可就得不偿失了。

（又过了三个月）

王志："你之前说的还款时间已经过了，那剩下的钱什么时候能给我啊？"

杨光："兄弟，真的对不起，项目出了点问题，现在资金全投在里面了。我可能暂时还不上你的钱了。"

王志："什么？还不上？那我的钱岂不是打水漂了？"

杨光："我真的没想到，我也在想办法解决。你给我点时间，我一定会还你。"

王志："你以后别再找我借钱了，我也得为自己打算打算。"

杨光："我一定抓紧时间还你。"

王志光顾着表达失望和不满了，却忘了和杨光好好坐下来，讨论个明确的还款计划或者解决方案。这样处理，问题还会继续拖延下去，得不到实质性的解决。

王志得知杨光可能还不上钱后，为什么就没想过通过法律途径来保护自己的权益呢？虽然打官司可能不是最好的选择，但了解一下相关法律知识，做个准备，总是没错的。什么都不做，会让自己陷入被动状态。

▶ 创业是一场没有硝烟的"赌博" ◀

"创业的钱不能借"这个观点并不是绝对的，但确实值得考虑考虑，这使得借钱创业成为一个需要谨慎对待的选择。以下是一些创业的钱不能借的原因：

高风险投资：创业本身就是一项高风险的活动。新企业在市场竞争中生存下来的概率并不高，所以，借钱给创业者，简直就像是买了一张高风险投资的彩票。

不确定的回报：与稳定的投资回报不同，创业的成功与否存在很大的不确定性。就算最后真的成功了，回报的时间和获得的收益都是未知数。这让借款人的心里纠结，根本不知道什么时候，或者说能不能收回那笔钱。

法律和合规问题： 在某些情况下，未经许可的借贷可能涉及法律问题。有时候，这里面还涉及一堆法律问题。特别是借的钱多，或者涉及的人多时，那就要严格遵守证券法律和金融监管要求。

▶ 话术实践 ◀

当朋友怀着投资的热情来找你借钱时，可以用下面的方法回绝他：

1. 直接拒绝

你创业，我当然支持。不过，你也知道我的情况。万一有风险，我可承受不了。

我有家有业，收入也不高。我是真没条件给你投资啊。

大家都知道创业有很大的风险，而且对方找你借钱，也应该知道可能会被拒绝。那么，你可以直接拒绝对方，告诉对方你觉得创业风险很大，如果亏损了，你无法承受损失。

2. 提供其他的帮助

你如果需要其他的帮助，告诉我一声，我一定出人出力。

我也没别的本事，到时候你新店开张，我可以给你去帮帮忙。

你可以向对方提出，可以给对方提供一些金钱之外的帮助，说话时可以真诚一些，向对方表达自己愿意尽力帮助的意思。

当别人找你借钱买房，要借吗

在当下，买房对于许多人而言，不仅仅是为了有一个安身之所，它更是稳定、安全和未来规划的象征。然而，随着楼市的日益繁荣，买房的门槛也在悄然提高，首付、贷款及其他各种费用加起来，常常让许多家庭感到"压力山大"。

在这样的背景下，为了填补买房的资金缺口，许多人不得不寻求外部的帮助，或是向银行贷款，或是向亲朋好友筹借。而当亲朋好友因为这样的理由找到你时，你会做何感想？是慷慨解囊，还是婉言拒绝？

今天，我们就要探讨这样一个话题：当亲友因为买房而向你开口借钱时，你该如何应对？

▶ **案例在线** ◀

张浩文："好久不见，啥时候一起吃个饭呀？最近过得怎么样？"

李明："还行，老样子。你呢？"

张浩文："我也还好，就是工作有点忙。对了，你家里人身体都健康吗？"

李明："都挺健康的。"

张浩文："那就好。你最近有没有什么大的支出计划啊？"

李明："没有啊，怎么了？"

张浩文："哦，没什么，就随便问问。那个……我其实是想问你，能不能借我点钱？"

张浩文拐弯抹角地问起李明家里人身体怎么样，最近有没有什么花钱的大事。张浩文这么问，其实是在给他借钱埋伏笔。

通常情况下，如果一个人在聊天中突然询问你的财务状况或支出计划，这很可能是为了了解你是否有能力借钱给他们。在这种情况下，李明应该更加警觉，并考虑到张浩文可能有借钱的意图。

李明："借钱？你怎么了，遇到什么困难了吗？"

张浩文："是这样的，我准备买房，但是首付还差一点。我已经攒了好久的钱了，可还是不够。你能借我 10 万元吗？等我有了钱，一定会尽快还给你的。"

李明："买房是件大事，我知道你很想有自己的房子。但是，你有没有想过买房之后的开销？物业费、装修费、房贷……这些都是不小的开支。我现在担心的是，这笔借款可能会变成一个无底洞。"

张浩文："我明白你的担忧。但我只差这 10 万元了，真的。只要买了房，我会更加努力工作，尽快还钱的。只是……还款的时间我可能无法给出确切的承诺。"

李明提到了买房后的各种开销，如物业费、装修费、房贷等，这些都是张浩文在提出借款请求时可能没有充分考虑的。李明通过指出这些买房之外的开销，试图让张浩文意识到借款可能带来的长期的经济负担。

　　张浩文可能也不是完全不知道这些额外开销，只是他太想买房了，一心想着先把房子买到手再说。所以，这些额外的费用，他可能就选择性地忽略了，或者觉得都是小问题，先把钱借到手，把房子买下来才是最重要的。

李明："我真的很想帮你，但是你这样说，我就更犹豫了。买房不是一笔小数目，而且后续的消耗也很大。如果还款时间不确定，这对我来说也是个不小的风险。"

张浩文："我们不是好朋友吗？你就帮帮我吧，我真的非常需要这笔钱。"

　　张浩文使用"我们不是好朋友吗"这样的言辞，试图通过强调他们之间的友情来影响李明的决策。这种招数俗称"情感绑架"，就是想让李明看在朋友的分上，做个顺水人情，借钱给他。李明听了这话，心里估计很纠结：拒绝吧，怕伤了和气；不拒绝吧，又觉得有点不对劲儿。

李明："这件事我也得跟家里人商量一下。"

　　当李明表示犹豫并提到需要与家人商量时，他实际上是在转移部分决策责任。这是一个明智的举措，因为它给了李明重新评估借款请求，并寻求他人意见的时间，这其实是把决策的大权交了一部分给家里人。

李明回到家后，跟母亲提起了这件事。

母亲："买房这件事又不着急。他可以再多攒几年钱，到时候就不用跟你借了。他还没对象，也不着急结婚，你现在借给他，将来还不知道会怎么样呢。我觉得你还是别借了。"

听了母亲的话，李明决定拒绝张浩文的借钱请求。

李明："我真的很抱歉，不能借钱给你。买房是件大事，我知道你很想要自己的房子，但是我现在的经济状况不允许我承担这样的风险。我希望你能理解。"

▶ 房子不是非买不可 ◀

不能借钱给别人买房的原因主要有以下几点：

财务风险：借钱给别人买房意味着将自己的资金置于风险之中。如果借款人无法按时还款，出借人可能会面临资金周转困难。特别是当借款金额较大时，这种风险尤为显著。

长期负担：购房是一项长期投资，通常伴随着长期的贷款还款。买房这件事，不是一时半会儿就能搞定的，借款人首先要还贷款，而且一还就是好多年。你借钱给别人买房，可能就得等上很久才能把钱收回来。期间，你自己的钱袋子可就有点紧了，一旦有急用，那就手足无措了。

不确定的房地产市场：房地产市场具有波动性，房价并不总是上涨。

对我们来说，把那么大笔钱借出去，万一他还不上，我们自己的财务计划便全被打乱了。到时候，别说财务自由了，可能连基本的生活都难以保障。

你可以这样拒绝："哎呀，我知道你现在很需要钱，但说实话，我真的不能把钱借给你买房。不是我不愿意帮忙，而是这事儿风险太大了。我也有自己的家庭和经济压力，我得为我自己和我的家人负责。你可以考虑去银行贷款，或者找些专业的金融机构来帮你。他们有更专业的风险评估和还款计划，这样对你来说也更安全。希望你能理解我的立场，我也是为了咱们俩好。"

你都说到这个份儿上了，如果他还是想跟你借钱，那就真的太不可理喻了。

▶ 话术实践 ◀

当亲朋好友为了买房来找你的时候，该如何有礼貌地拒绝他们呢？

1. 表达同理心

我知道你不愿意总是租房子，想买套自己的房子，不过，我建议你先别买。

买房子当然是刚需啦。但是，我觉得你可以先等等。

在拒绝对方之前，你要先表示出对对方想法的理解和同情。先表现出自己的同理心，然后再拒绝对方，这样就不会太生硬。

2. 解释拒绝的原因

现在房价太高了，我觉得你可以再等等，顺带多存点钱。

你才二十出头，还没对象呢。现在买房，万一以后对象不喜欢这套房怎么办？

买房是大事，你可以向对方解释自己拒绝的理由，比如现在房价太高，最好再观望一下，或是说对方还很年轻，未来充满不确定性，现在买房还太早，等等。

3. 建议对方另寻他法

你为什么不找银行贷款呢？你年轻又有稳定收入，银行肯定会借给你的。

你可以和你舅舅借钱呀，他只有你一个外甥，收入又不错，应该会借给你的。

如果对方还是要借钱，你可以建议对方通过其他途径筹集资金，比如银行贷款、去找他的父母或亲戚借钱等，让对方感觉到你的关心和支持。

有人向你借钱去旅游，
小心风险

在人际交往中，朋友间相互帮助是再正常不过的事情。然而，当面对朋友因私人消费而提出的借款请求时，情况就变得复杂了。比如，有朋友因为想和伴侣出游而资金不足，提出"跟对象出去玩，钱不够了，你借我点呗"的请求。这时，是否应该伸出援手，就需要我们深思熟虑了。

平时大家一起吃饭、看电影，自己出点钱无所谓，毕竟友谊无价。可这回不一样，这可是借钱出去旅游。你当然想看到朋友开心，和恋人享受一次难忘的旅行，但你也得考虑自己的实际情况和可能承受的风险。

▶ **案例在线** ◀

肖文："子扬，你现在手头宽裕吗？我有点事想找你帮忙。"

子扬："手头还行吧，怎么了？你要借钱？"

肖文："就是我最近和女朋友经常出去旅游，结果现在手里钱不够用了。'520'快到了，我想再带她出去玩，但资金有点紧张，所以想问你能不能借我点钱？"

肖文在与女朋友频繁地出去吃喝玩乐，看样子是完全没把钱包的"感受"放在心上，结果造成资金紧张。显然，他在财务管理上有点手忙脚乱，已经陷入了冲动消费的旋涡，他根本不懂得做预算。

子扬："这个……肖文，你也知道，我们都是大学生，手里钱并不多。我本来也打算用这些钱出去和朋友聚餐的，要是借给你的话，我自己可能就得节省一些了。"

肖文："我知道这有点为难你，但我真的是没办法了。你能借我多少就借多少吧，等我下个月拿到生活费，我一定立刻还你。"

子扬："好吧，那我可以借给你一些，但不能太多，因为我也要留点钱自己用。"

肖文："你放心，我会尽快还给你的。"

子扬："嗯，那我给你转 300 元吧，这是我目前能拿出的最多的钱了。你记得要还我。"

肖文在面对财务问题时，选择向朋友借款而不是通过其他方式解决问题。他不想着怎么削减那些不必要的开支，或者找个兼职工作来填补一下资金上的窟窿，反倒直接向朋友伸出了求助之手，用借款来解决问题。看来，他一向很依赖他人。

肖文："呃，子扬，300 元确实有点不够，你看能不能再想办法帮我凑点？"

子扬："我真的已经尽力了。我手里就这么多钱，再多也拿不出来了。"

肖文："我知道你为难，但你能不能跟其他朋友借点钱给我？就当我求你了，我真的急需这笔钱。"

子扬："你这不是让我为难吗？我怎么能因为你的事情去麻烦别人呢？"

肖文："就当我欠你一个人情，你帮帮我吧。等我有钱了，我一定连本带利都还给你。"

当子扬表示已经尽力，无法再拿出更多钱时，肖文提出了一个额外的要求——让子扬向其他朋友借钱来满足他的需求。这可真是个"妙"计，肖文这不仅是在"考验"子扬的财力，还想让子扬为了他，去跟其他人开口借钱。

肖文说了句"就当我求你了"，想用这张感情牌来打动子扬。这招短时间内可能管用，毕竟谁不想帮朋友一把呢？但话说回来，老是这样"利用"感情，时间长了，可是会给两人的关系埋下隐患。特别是，如果肖文到时候还不上钱，子扬如何向别人交代？

子扬面对肖文的不断催促，心中虽有些不情愿，但考虑到两人的关系，最终还是妥协了。

子扬："好吧，那我去试试看吧。但是肖文，你得保证尽快还我，我可不想因为这事儿跟朋友闹翻。"

肖文："你放心，我绝对会还的。谢谢你！"

▶ 出去玩都要借钱，你还谈什么恋爱 ◀

跟朋友借钱，带女朋友出去玩，还真是令人头疼的一件事，毕竟他不会借大额，可能只是五六百元。但是对于不同年龄段的人来说，这几百元的"价值"是不同的。这种人的缺点有以下几种：

透支友情：朋友关系基于信任、互助和共同的经历。可有些人，竟然为了带着女朋友出去玩一玩，就跑去跟朋友借钱，这无异于把朋友当成了"提款机"，长此以往，双方的关系肯定得出问题。

不负责任的消费观：借钱进行消费，特别是为了娱乐和休闲活动，反映了一种不负责任的消费观念。这种行为可能导致借款人陷入债务困境，甚至可能影响到其日常生活和未来的财务规划。因此，要远离这类向你借钱的朋友。

缺乏自我管理能力：如果一个人不能通过自己的努力和规划来满足自己的需求，而是依赖借款，这显示出他在财务管理和自我控制方面存在不足。得学会自己规划，通过努力赚钱来满足自己的愿望，这才叫本事。

▶ **话术实践** ◀

当朋友想出去玩找你借钱时，如果你不想借，可以试试下面的方法：

1. 建议对方更换游玩方式

国外人生地不熟的，你们还不如在国内玩呢，现在去云南就正好啊。

听说咱们这儿新建了一个郊野公园，你们为什么不去那儿玩呢？

当对方提出借钱去游玩时，你可以建议对方换一种游玩的方式，减少一些费用，比如把国外旅行更换成国内旅行，把去外地旅行更换成在本地游玩，等等。

2. 幽默地拒绝对方

兄弟，我要是有钱，我也找个女朋友出去玩啦。

你谈恋爱就是"费"朋友，你什么时候也找别人借点钱带我出去玩？

当对方为了女朋友找你借钱时，你也可以用幽默的方式表达出自己的态度，在拒绝的同时还能巧妙地缓解尴尬的气氛。

帮朋友向你借钱，必须认真考虑

当朋友因某种原因而资金短缺时，我们作为朋友，是否应该伸出援手，或是更进一步，如果我们自身财力有限，是否可以牵线搭桥，从第三方那里为朋友寻求帮助呢？这种做法，看似是在助人为乐，实则蕴含着许多潜在的问题和风险。

帮朋友跟别人借钱，这看似简单的行为，其实是对友情、道德观念和责任心的一次全面考验。从友情的角度出发，我们自然希望能够在朋友需要时给予他们最大的支持。

然而，当这种支持涉及金钱这一敏感领域时，事情就变得复杂起来了。我们必须认真考虑，自己的介入是真的会对朋友产生积极的影响，还是只是暂时帮他们走出了困境，却可能带来更长远的麻烦。

▶ **案例在线** ◀

佳慧："新洁，我上个月购物有点过头，现在资金紧张，你能不能借我点钱应急？"

新洁："我真的很想帮你，但我现在手头也紧，拿不出多余的钱来。"

佳慧："我知道你也没多少钱，但你不是经常提起你那个有钱的朋友小静吗？能不能帮我跟她借点？"

佳慧试图通过新洁与小静的关系来借钱。新洁可能会觉得有点被摆了一道，毕竟这事儿得她去为佳慧说好话，甚至得像个担保人似的。对于这种角色，说不定新洁心里并不太乐意扮演。

新洁："这……佳慧，这不太好吧？小静虽然有钱，但她并不认识你。我贸然去借，恐怕不太合适。"

佳慧："求你了，就帮我这一次吧。我跟她虽然不认识，但你可以跟她解释啊，我保证会尽快还钱的。"

新洁："好吧，我试试看，但我不敢保证能成功。"

新洁在对话开始时表达了自己的担忧，认为向小静借钱可能不太合适。佳慧一个劲儿地软磨硬泡，求新洁帮帮她。新洁心里虽然犯嘀咕，但也没狠下心来给句痛快话，脸上露出那么点犹豫和动摇。佳慧一看有戏，于是继续她的"攻势"。新洁因十分重视与佳慧之间的友情，而忽视了自我保护的重要性。

新洁拨通了小静的电话。

新洁："小静，有件事想跟你商量一下。"

小静："什么事啊？你说吧。"

新洁："是这样的，我有个好朋友叫佳慧，她最近遇到了经济困难，想跟你借点钱。"

小静（惊讶）："佳慧？我不认识她啊。"

新洁："嗯，你们是不认识，但她真的是我的好朋友，很可靠的。她保证会尽快还钱，你能不能帮帮她？"

小静："不是我不愿意帮，但我真的不了解佳慧，对她的还款能力也不了解。你知道我一直以来的原则，不轻易借钱给不熟悉的人。"

提出借款请求之前，新洁似乎没有对小静可能提出的疑虑做充分的准备。她应该更全面地了解小静的借款原则和底线，以便更有效地进行沟通。

新洁一个劲儿地夸佳慧是她的"好朋友"，还"特别靠谱"，可这些词毫无价值。她要是能提供实际的信用证明，或者详细说说还款计划，那她的请求可能就更有说服力了。

新洁："我理解，这确实是我考虑不周。对不起，小静，给你添麻烦了。"

小静："没关系。希望你能理解我。"

新洁挂断电话，转向佳慧。

新洁："小静说她不能借钱给不认识的人。"

▶ 借钱不能有"中间商" ◀

借钱给朋友的朋友可能会带来以下问题：

增加经济风险：借钱给朋友的朋友意味着你与借款人之间并没有直接的亲密关系或长期的信任基础。你的朋友也许觉得他的朋友挺靠谱的，但他又能多了解他朋友的财务状况和信用记录呢？

影响与朋友的关系：如果借款人无法按时还款或根本不还，你可能会感到被利用或背叛，这可能会影响你与你的朋友之间的关系。金钱可是个敏感话题，一不小心就可能点燃矛盾的火花，造成友谊破裂。

难以追讨债务：与直接借钱给朋友相比，借钱给朋友的朋友在追讨债务时可能面临更多困难。你可能得通过你朋友去找借款人，这一来二去，事情会变得复杂又麻烦。

心理压力：借钱给别人总是伴随着一定的心理压力，特别是当借款人是你的朋友的朋友时，你总会忍不住想，那钱还能不能收回来？这种担忧就像一块石头压在胸口，让人喘不过气来，会影响你的日常生活和心情。

▶ 话术实践 ◀

当你的朋友帮别人向你借钱时，可以用下面的方式拒绝对方：

1. 不借给不认识的人

我借钱一直都是只借给认识的人，借给不认识的人风险太大了。

你的那个朋友我都没见过，我不能把钱借给他，不好意思。

当朋友提出想让你借钱给他的朋友时，你可以向对方表示你从来不把钱借给不认识的人。其实大部分人都不会把钱借给不认识的人，所以，即便你拒绝，相信对方也能够理解。

2. 需要了解对方的底细

我必须要先了解他的详细情况才行，要不你把他叫过来，我们谈谈？

我想看看他的银行流水、房产证什么的，这些能证明他有还款能力。

在拒绝的时候，你还可以表示你不借给对方，是因为对方的底细你一点也不了解，比如对方的详细情况、还款能力等。如果想要找你借钱，你需要了解对方的底细后才能考虑。

▶ 借钱小知识 ◀

借款前怎样做风险评估？

借款之前应该充分了解借款人的个人财产状况，包括对方有无正当职业、收入情况、银行账户、房产车辆、股票、理财产品等，还需要了解对方过往的借贷记录。另外，还可以通过对方平时的为人、声誉、消费习惯、花钱是否有计划等细节来综合分析评估对方的偿还能力和信用度。借钱之前，还可以查询借款人是否身负官司。如果对方有经济纠纷或者被执行，最好不要借钱给他，以免增加风险。

借条、欠条和收条有什么区别？

"借条""收条""欠条"这三者在法律上，具有不同的含义。借条是因借贷关系而产生的，它是借款人向出借人出具的书面凭证，证明双方之间具有借款合同关系。

欠条则是基于双方以往的经济往来而进行结算的一种依据，它代表了一种债权债务关系。欠条可能是由于买卖、劳务、租赁、利息等各种关系而产生的欠款。

借条又称为借据，可以作为债权债务关系的凭证，证明存在借款的事实。正式的收条又称为收据，是指收到别人或单位送到的钱物时写给对方的一种凭证，并不能证明双方有借贷的法律关系。

借条能直接证明借款关系，在诉讼中更简单明了，建议你在借款给别人时优先使用借条，在货款欠款时使用欠条，以避免混淆。

第三章

要债也是一门学问

如何轻松拿回恋爱对象借的钱

或许有这样的人，跟对象借了钱之后，就安心地把还钱这件事放在脑后。那钱就像被黑洞吞了一样，消失得无影无踪。

当你好话说尽，还是无效的时候，就只能采取"强硬"手段了。

当然，"硬"并非是指使用非法手段，而是通过合法、正当的途径来追讨债务。比如，可以运用法律武器来维护自己的权益。这样一来，不仅能让对方意识到欠债不还的严重性，还能让你的经济利益得到一定程度的保障。

▶ 案例在线 ◀

你："那笔钱你到底什么时候能还？我已经给你很多时间了。"

男朋友："哎呀，宝贝，真的很抱歉，又出了点意外。你再给我几天时间好吗？我已经在想办法了。"

你："你每次都想糊弄过去，我真的不想再听这些借口了。如果你再不还钱，我就真的生气了。"

男朋友："别生气，别生气。我保证，这次是真的，再给我一点时间，我一定会还给你的。"

你的男朋友虽然没直接说"我就是不还钱"或者"我想赖账"，但他那副磨磨唧唧、拖拖拉拉的样子，明显就是想赖账。

你稍微催得紧了点，他也不给你什么实质性的解决方案，只会反复说"再给我一点时间"。

他倒是一再保证，可这保证就像是一张空头支票，他从没做出过实际行动。这一切都说明了一个问题：他心里其实压根儿就不想还钱，净想着怎么拖延时间！

你："我真的好烦啊，他又来了。这次是第四次借钱了，每次都说会还，但每次都找各种理由搪塞过去。"

闺密："啊？他又来了？他这都成习惯了！你这次打算怎么办？"

你："我也不知道。每次催他，他都说些好话，然后就糊弄过去了。我感觉自己被耍了。"

闺密："他借了这么多次，每次都不还，这明显就是不尊重你啊。你还打算继续这样下去吗？"

闺密一语中的，直接戳中了问题的要害：你男朋友这种行为，真的就是对你的不尊重。

然后她又问你："你还准备这样忍下去吗？"这话就像是警钟，让你需要好好想想这段感情到底值不值得，还有这个烦人的问题到底要怎么解决。她担心你一直这样默默忍受，所以才希望你能看清现状，赶紧做个了断。

你："我也不想啊，但是现在感觉关系好微妙。每次一和他聊天，我就会想起他不还钱的事情，心里就特别不舒服。"

闺密："那既然这样了，你干吗还对他那么好声好气的？你应该强硬一点，让他知道你不是好惹的。"

你："你说得对，我不能再这样下去了。下次他再不还钱，我就直接放狠话，告诉他如果不还钱，我就去起诉他！"

闺密："对啊，早就应该这样了。你的钱也不是大风刮来的，不能就这样白白便宜了他。你要维护自己的权益才行。"

你："嗯，你说得对。我这次一定要坚决一点，不能再被他糊弄了。"

你的心理状态表现出对男朋友借款不还的困扰，同时也展现了一种逐渐觉醒和寻求改变的态度。你对于男朋友的借款行为已经开始产生负面情绪，感到心里不舒服。

当闺密建议你应该强硬一点时，你迅速表示认同，并表示不能再继续这样下去。这反映了你内心深处早已有了改变现状的愿望，只是一直没有找到合适的出口或支持。闺密的建议正好契合了你的心理需求，给了你一个明确的方向。

你："我已经无法再相信你了。你总是在找借口，根本就没有还钱的诚意。"

男朋友："不是这样的，宝贝，你相信我。我已经在努力了，只是需要一点时间而已。"

你："我给你的时间已经够多了。我已经向法院起诉了。"

你需要做的，是明确告诉他，你的忍耐已经到了极限，如果他再不还钱，你就会采取法律手段。你不是好惹的，你有权利维护自己的权益。你的钱不是大风刮来的，你的感情也不是可以被随便糟蹋的。

你要让他明白，尊重和信任是相互的，如果他再不改正，他将失去的不仅仅是你的信任，还有你的爱。

▶ 软技巧＋硬手段，轻松拿回钱 ◀

软技巧：利用你们的亲密关系，巧妙地施以小计，比如撒娇。用轻松的方式分批把钱要回来，比如每次都让他请你吃饭、买礼物，逐渐把钱要回来。欠的钱是一定要还的，只是方式可以灵活一点。这样既不破坏你们的感情，还能达到让他还钱的目的。

硬手段：散播他欠钱不还的消息，但有时情况可能更为复杂。假如他选择回避，甚至删除了你的联系方式、拒回你的信息，那你就需要考虑其他途径了。这时，你们共同的朋友或家人或许能起到关键的桥梁作用。他们可以协助你与他取得联系，或者至少传达你的意愿和要求。这其实就是变相地向他的亲朋好友散播他欠钱不还的消息，催促他还钱。

起诉：如果所有协商途径都无果，那么你只能求助于法律。你可以起诉他，用法律的武器来保护自己的合法权益。

但在此之前，你必须做好充分的准备，包括收集和整理所有与借款相关的确凿证据，如转账截图、聊天记录、书面通知书等。如果能有借条，那更是锦上添花，因为它在法律上具有更强的证明力。

　　这些证据将成为你追讨债务过程中的"利器"。一旦需要走上法庭，它们将让他无话可说，为你的主张提供有力的支持。

　　同时，别忘了获取并保存好他的身份证号码。这是起诉过程中必不可少的信息，它能确保你在需要时能够准确地指认被告，避免因为身份信息不全而延误诉讼进程。记住，从借钱的那一刻起，就要做好万全的准备，以防不时之需。

▶ 话术实践 ◀

　　当对象欠钱不还时，可以用下面的方法试着收回欠款：

1. 以钱换物

　　我最近看上了一款包，要不你送给我，这样咱俩的账就一笔勾销了。

　　上次你找我借了 500 元，你就给我买个生日礼物吧，正好你借我的钱就不用还了。

　　如果你对象不还钱，你可以要求对方给你买一样你喜欢的东西，只要价格基本符合就可以，用这种灵活的方式，你既能得到想要的东西，又能把钱要回来。

2. 委婉暗示

　　我真是要穷死了。你能不能借我 500 元钱呀？

　　我的钱都被你借走了，现在一穷二白，月底才发工资呢，你说怎么办？

　　你还可以通过一些委婉的方式来暗示对方还钱，比如向对方借钱，向对方"哭穷"，等等，说的时候语气要轻松一些，也可以向对方撒娇。

催亲戚还钱，
怎么说才不伤和气

在中国传统的家庭文化中，亲情是一种难以割舍的情感纽带，它让家族成员之间紧密相连。然而，当这份深厚的亲情遭遇金钱往来时，却往往会引发一些意想不到的麻烦。

不少人都曾面临过这样的尴尬境地：那些七大姑、八大姨们，总有这样那样的理由找你借钱。可是，到了还钱的时候，他们就好像忘了这回事，迟迟没有动静。你心急如焚，可又不想因为这点小事跟大家撕破脸。这可怎么办呢？

很多人都希望能在不破坏感情的情况下，把钱要回来，但是亲戚铁了心不还，你想维系的感情还能继续下去吗？

▶ **案例在线** ◀

你："大姨，您最近过得怎么样啊？"

大姨："哎，挺好的，就是最近想着给家里添置一辆车。"

你："那选好车了吗？"

大姨："嗯，看中了一款，不过手里钱还差两三万元。我们的钱大部分都存定期了，现在取真的不方便。"

你："这样啊。"

大姨："我想跟你商量个事儿，你看能不能借大姨3万元？等定期的存款到期了，我就立刻还你。"

你："大姨，您也知道我最近在存钱准备买房子，您可得快点还给我。既然您开口了，那我就借给您3万元吧。"

大姨："哎呀，半年之内我肯定能还给你。"

你："好的，半年之后您再还我就好，不用着急。"

> 明明自己还想着买房子，却又答应了大姨的借款请求，说不定这会对你的买房大计造成不小的影响。在借款前，应充分考虑自身的经济状况和风险承受能力。

> 在对话中，你表现出较为被动的态度，你跟大姨聊天时，是不是有点太"佛系"了？你也没提要是大姨没按时还钱该怎么办。催收策略需要提前想想，不然会使自己陷入被动的局面。

（半年后）

你："大姨，那3万元钱您看是不是能还我了？我最近在看房子，想凑个首付。"

大姨："真是不好意思，现在我手里的钱还不够。你也知道，我们最近刚给孩子买了新房，首付和手续费都花了不少。你再稍微等等，我尽快还你。"

你："哦……好的，大姨。我理解，那我再等等。"

> 当大姨说现在手头紧还不上钱的时候，你倒是很大度，说了句"理解，再等等"。可是，你忘了定个新的还款时间。这使得大姨

那边毫无紧迫感，而你已等到"花儿都谢了"。

你提到需要凑首付买房子，但并没有强烈表达出这笔钱的紧迫性和重要性。大姨听了，估计也没觉得这笔钱对你来说有多重要。所以，她就把还钱这事儿继续往后排。你得学会强调重点，不然会耽误了自己的大事。

（又过了一个月）

你："大姨，那 3 万元钱不知您现在是否方便还我？"

大姨："你着急要钱吗？"

你："我看中了一套房子，想付首付了。"

大姨："哎，孩子，你现在也知道，我们刚买了房，接下来还要装修，现在手里真的是紧张。你再给我点时间，装修完我立刻还你钱。"

每当你要求还款时，大姨总是以各种理由（如买房、装修等）来推迟还款。这些理由看似合理，但实际上是大姨为了拖延时间而精心编织的借口。

你："大姨，当时借的时候您说半年就还的，现在拖得有点久了。我确实急用这笔钱，能不能先还我一部分呢？"

大姨："我真的是没办法，现在 1 分钱都拿不出来。你再耐心等等，等我装修完房子，资金回流一些，我第一个就还你钱。"

当大姨一番解释和请求后，你好像又心软了，没趁机敲定一个确切的还款日期。你在跟大姨聊天的时候，应该趁机打听打听她家的财务状况，比如她装修房子到底花了多少钱，资金什么时候能回笼之类的。掌握了这些，你催款的时候就能更有针对性，不至于像现在这样被动。

跟亲戚撕破脸确实很难

面对这种亲戚借钱不还的糟心事儿，得有点策略才行：

还款期限：我们可以与他们共同商定一个明确的还款期限。这样做不仅给了他们一定的缓冲时间，以便筹集资金，同时也保障了我们的权益不会受到进一步的损害。

施加压力：如果亲戚们还是一再拖延还款，我们就需要适度地施加一些压力。我们也可以请其他亲戚或家族中的长辈介入，以寻求一个双方都能接受的解决方案。

话术实践

当亲戚欠钱不还时，可以用下面的方法去处理：

1. 提醒对方还钱

大姨，年初我借给您 1 万元钱，当时您说半年后还，现在年底了，您能还给我了吗？

舅舅，我明年要结婚，现在要买房，您能把那 5 万元钱还我吗？

在和对方谈话的时候，你可以适时地提醒对方还钱，还有对方当初借款时的约定和承诺，但是要注意语气，不要指责对方。

2. 提出分期还款

您找我借的 2 万元可以分 4 个月还，您每个月还我 5000 元就行了。

要是您一下拿不出那么多钱，可以分批还给我。

如果亲戚确实困难，无法一次性还清借款，你可以提出分期还款的建议，但是要制订一个合理的还款计划，既能减轻对方的压力，又能保证自己逐步收回借款。

"好朋友"欠钱不还，
三招拿下

你是否有过这样的经历：一位关系要好的朋友因急事向你借钱，你出于信任和情谊，毫不犹豫地伸出了援手。然而，过了约定的还款期限，朋友却迟迟没有还钱的意思，甚至对你的暗示和提醒装聋作哑。

这时，你陷入了两难境地：直接催讨怕伤了和气，不催又担心钱款石沉大海。面对这种情况，我们想既保障自己的权益，又不伤及友情，这可能吗？

▶ 案例在线

朋友："兄弟，我想和你说点事儿。"

你："怎么了？吞吞吐吐的，有什么就说呗。"

朋友："嗯……其实是这样的，我最近遇到点经济问题。"

你："经济问题？是出什么事儿了吗？"

朋友："对，就是最近开销有点大，现在手头稍微有点紧。"

你："哦，这样啊。需要多少钱，我看看能不能帮你。"

朋友："那个……如果可以的话，我想借 2000 元钱。等我下个月发了工资，我马上就还你。"

你："2000 元是吧？没问题。"

朋友："真的吗？太感谢了！下个月一发工资，我绝对还你。"

你："兄弟之间别说这些。"

朋友："我还是给你写张欠条吧，这样更稳妥。"

你："哎呀，欠条就不用了。我还不信你吗？你有了再还我就行。"

朋友："你真的太仗义了！等我缓过这阵子，一定得请你吃饭！"

你："哈哈，好啊，到时候咱们再聚。"

你当时竟然拒绝了朋友写欠条的提议，这简直就是在给自己找麻烦。要是以后真出现财务纠纷，拿什么来证明？难道就凭朋友之间的那点口头约定？

你总说关系铁，友情深，但是关系和金钱是两码事。你对友情珍视，对朋友信任和关心，这都没问题，但不能因此就在金钱问题上睁一只眼闭一只眼。你这样做，说不定反而会伤了你们的友情。

别以为自己为了维护这份友情做出了多大的牺牲和让步，要是真出了什么问题，到时候，别说是朋友了，可能连陌生人都不如。所以，关系再好，涉及金钱的问题，还是得谨慎再谨慎，该写欠条就得写欠条。

（一个月后）

你："这个月工资发了吧？ 2000 元钱你看是不是能还我了？"

朋友："对不起，我这个月有点额外的开销，只能先还你 1000 元了。下个月再还你剩下的，可以吗？"

你："好吧，没问题，下个月再还也行。"

在朋友提出延期还款的请求后,你同意了,但可能没有及时跟进确认下个月的还款计划。你忘了跟朋友敲定下个月还款的具体时间。为了避免到时候朋友找借口说"哎呀,我忘了我还要还你多少钱了",还是得提前跟朋友把事儿说明白。这样,大家心里都有个数。

下次记得及时跟进一下,明确还款日期和金额,这样他如果再赖账,你也能把确认的信息当作证据。

(又过了一个月)

你:"剩下的 1000 元钱,你看这个月能不能还我?"

朋友:"哎呀,就 1000 元钱,你至于这么催吗?我有了就还你了,别这么着急行不行?"

你:"是你欠我钱,你这态度怎么像我欠你似的?"

当提到还款时,朋友的第一反应是逃避。他们带着不满的语气和抵触的情绪回应,试图通过表达对你的催促的不满,来回避实际的还款问题。

朋友可能已经在内心为自己的拖欠行为找到了"合理"的理由。他们心里可能会想,"这点小钱对他来说根本不算啥",或者"他又不缺钱,我急什么呀"。所以,他们才这么心安理得地拖着不还。

▶ 做朋友,别做冤大头 ◀

朋友借了你的钱,该要还是得要。

克服心理压力:首先,你得明白,欠钱的是他,不是你,你只是要回属于你的钱。朋友之间要讲诚信,他借钱不还,是他失信在先。要克服自己内心的压力,勇敢地开口要钱。

发朋友圈催款：实在不好意思直接开口，那就换个方式，用朋友圈来提醒，不仅是对对方的一个温柔提示，也会给对方造成一种无形的压力。他看到后自然会明白你的意思，并主动联系你还钱。

催款时机很重要：催款也要讲究时机，趁他发工资、年底奖金的时候，或者他在朋友圈晒奢侈品、吃大餐的时候，赶紧催款，这个时候他手头宽裕，更容易还钱。

▶ **话术实践** ◀

曾经关系要好的朋友欠钱不还时，该用什么样的方式来催款呢？

1. 幽默地提醒对方

你上次找我借的那 5000 元，可千万别忘了，那对我来说可是一笔"巨款"。

你是不是把借钱的事忘脑后啦？看来我是借得太少了，总是催的话你肯定记得。

朋友欠钱时，你可以找个合适的机会，用轻松幽默的方式提醒对方，这样对方不会觉得太尴尬，又能达到提醒的目的。

2. 旁敲侧击

我随时可能失业，到时恐怕得找你借钱了，以咱俩的关系，你肯定会借我的。

有个人找我借了几千块钱，都 2 年了还没还，你可别学他啊。

直接开口让对方还钱，可能双方都会觉得比较尴尬。这时，你可以用旁敲侧击的方式，巧妙地暗示对方该还钱了，比如提到自己最近急需用钱，或是和对方开个小玩笑。

合伙人不还钱，
如何让他主动还钱

在商场的复杂棋局中，合伙关系如同一张精心编织的网，每一个节点都承载着信任与责任的重量。然而，当这种关系因某些合伙人的自私行为而出现裂痕时，原本稳固的合作关系便岌岌可危。

想象一下，你曾与志同道合的伙伴共同打造了一个商业帝国，但就在公司即将腾飞之际，你却被无情地踢出局，不仅失去了对公司的控制权，连应得的回报也被剥夺。又或者，你作为合伙人之一，却长期被排除在公司的核心决策层之外，对公司真实的运营状况一无所知，直到最后决定退股时，才发现自己的权益根本无法得到保障。

这些并非虚构的故事，而是商业世界中真实上演的悲剧。当合伙人不履行财务承诺，当信任被践踏，我们该如何应对？是选择忍气吞声，还是勇敢站出来维护自己的权益？

今天，就让我们一起探讨这个引人深思的话题——合伙人不还钱，我们该怎么办？

▶ 案例在线 ◀

刘昂："听说你最近打算开公司？"

杨时一："嗯，我确实有个想法。开公司还需要一些资金，我正在考虑怎么办呢。"

刘昂："那你还需要多少资金呢？"

杨时一："我大概估算了下，还需要 50 万元。"

刘昂："50 万元？"

杨时一："是的。你可以借我一些吗？"

刘昂："投资是有风险的，我得更具体地了解你的商业计划和预期回报。"

杨时一："我可以和你分享一部分商业计划。我也会按照银行利息还钱。"

刘昂："按照银行利息？那听起来还挺合理的。"

刘昂："好吧，我看了你的计划，还不错。我愿意借给你这 50 万元。"

　　刘昂在初步了解杨时一的借钱需求时，听说杨时一想借钱开公司，立马变得谨慎起来，这是个聪明的做法。

　　不过，他可能还得多花点时间好好琢磨琢磨杨时一的商业计划，还有其中的风险，这样才能保证自己的钱袋子安全。他在看过计划后很快做出决定，可能没有对计划进行足够深入的评估。

刘昂："你之前跟我借了 50 万元开公司，现在公司怎么样了？"

杨时一："公司运转还算可以，只是目前资金有点紧张。"

刘昂："为什么资金会紧张？"

杨时一："刚起步的小公司总有很多预料之外的开销。"

刘昂："哦，我理解创业不易，但当时我们约定的是按照银行利息还款，这个你还记得吧？"

杨时一："当然记得，刘昂，我真的很感激你。"

刘昂："现在半年过去了，你是不是应该考虑还一部分钱了？"

杨时一："我现在确实拿不出那么多钱来还你。你看这样行不行？我把这 50 万元算作你入股的资金，给你公司 10% 的股份。"

刘昂："嗯？转为股份？"

杨时一："是的，这样你也能成为公司的股东，共同分享未来的收益。"

刘昂："我之前没想太多就同意了你的借款请求，现在转为股份，这变化确实有点大。"

刘昂："不过，既然你已经提出来了，我再信你一次。"

刘昂当初可能真是脑袋一热，没好好琢磨就把钱借给杨时一开公司了。现在又未经过深思熟虑，从出借人变成了公司的小股东。他现在得时刻关心公司的经营状况，还得琢磨公司的发展前景，这可比单纯收利息要操心多了。况且，他没有立即拒绝杨时一的提议，而是选择信任并接受，这可能给他带来更多潜在的风险。

（半年后）

刘昂："这半年来你从没跟我说过公司的运转情况。"

杨时一："对不起，我这段时间太忙了。"

刘昂："再忙也应该跟股东通报一下情况吧？而且，我也没见公司分红。"

杨时一："真对不起啊，目前公司还在起步阶段，所以没有分红计划。"

刘昂："那我投的 50 万元就这么放着，既没有利息也没有分红？"

杨时一："公司现在确实需要更多的时间和资金投入。"

刘昂："时间和资金？我对长远的前景不感兴趣，我只关心我现在的利益。"

杨时一："我知道这对你来说可能有些难以接受，但公司的前景是很好的。"

刘昂："前景好不好我不知道，如果你现在不能给我合理的回报，那我就考虑退股了。"

杨时一："别这么急，我们再商量一下。"

杨时一在一定程度上利用了刘昂，把刘昂的投资当成了公司发展的"零利息小金库"。

初创公司，资金总是紧巴巴的，1分钱都得掰成两半花。杨时一估计心里琢磨着，只要给刘昂"画个大饼"，让他知道公司未来一片大好，现在就可以先不用给他分红了。

天下可没有免费的午餐，这么做解了燃眉之急，但是信任一旦有了裂痕，修补起来可就难上加难了。

▶ 不要小瞧你的股份 ◀

面对这样的情况，你可以参考以下方法：

收集证据： 你要凭借自己的股东身份，搜集整理那些无可辩驳的证据：借条、转账凭证、合作协议……这些就是你手中锋利的宝剑，是你的筹码，是你让借款人无话可说的铁证。

提起诉讼： 如果借款人不识时务，依旧冥顽不灵，你可以毫不犹豫地用法律的武器来捍卫自己的权益。想象一下，当他站在法庭上，面对你那些确凿的证据，他将无言以对，只能乖乖还钱，还要承担额外的诉讼费、律师费。

申请仲裁： 在走上法庭之前，你还可以选择通过第三方调解或仲裁来解决问题。这种方式或许更为平和，但同样能让他感受到你的决心。

失信名单： 别忘了提醒借款人，如果继续欠债不还，他的名字将会被列入失信人员名单。这样以后他想要做生意、买房时会处处碰壁，甚至还会影响下一代。

▶ **话术实践** ◀

当合伙人拖着你的钱不肯还时，该如何保障自己的权益呢？

1. 了解对方和项目的真实状况

我看你之前在朋友圈说买了别墅，那你应该赚了不少啊，怎么会没钱呢？

你这办公室豪华又气派，看来公司肯定运转得不错。

合伙人欠钱不还时，你可以先和对方沟通一下，借机了解对方的财务状况，还有投资项目的真实情况，比如公司的运转情况等。如果可以的话，你应该去实地考察一下。

2. 提出解决方案

我可以再宽限你一些日子。不过，最长不能超过1年，而且要写进合同里。

我同意你分批还款，不过咱俩得签份协议，把每次还多少写清楚。

在交谈的时候，你可以提出一些解决方案，如果对方要延迟还款或分批还款，就要协商出一个还款计划，明确还款的时间和方式，还可以修改合同或是签订补充协议等。

借钱小知识

借条应该怎样写才具有法律效力？

借条需要当场写好，不要事后补写。借条一般由债务人手写为佳，避免因代笔引起法律纠纷。打印的借条虽然同样具有法律效力，但是容易被伪造。

借条上应该明确谁是债务人，谁是债权人。在借条上要写清楚债务人和债权人的身份证号，并且在书写借条时需要债务人提供身份证原件进行核对。

借条上要注明借款的相应事由，防止借款人以违法或违背公序良俗等其他事由拒绝还款。

借条上要明确约定还款日期。借款日期也一定要写清楚，最好精确到年、月、日。

借款金额要同时用阿拉伯数字和中文大写数字书写，并且写明币种，比如"人民币 100000.00 元整（人民币拾万元整）"，防止遭人篡改。如果有利息的约定，应该写明具体数额和计算方式，否则依法视为无利息。

关于款项的交付，尽量选择银行转账的方式，可以在借条上注明债务人收取款项的账号和转账日期。如果是现金交付，则应该在借条中注明借款通过现金交付。无论是哪种方式，都要求债务人另外书写收到款项的收据。

债务人签名时应该同时按手印，并且提交本人亲笔签名的身份证复印件。如果债务人已婚，最好取得其配偶的签名。这样对债权人来说更加有保障，避免其配偶以不知情为由拒绝承担还款义务。

如果款项金额较大，可以邀请律师或者第三方进行见证并签名。如果有担保人，应该注明担保人和担保方式。借条最好一式两份，双方各执一份，避免产生纠纷。

第四章

借钱的原则，
早知道少吃亏

借钱如泼水，万万不可多借

生活中，每个转角都可能藏着惊喜或惊吓。那些和我们一起疯、一起笑、一起浪的朋友，突然有一天因为某些小插曲而钱包瘪瘪，他们那焦急又带着点期待的小眼神，简直就像在说："哥们儿，拉我一把！"

"你能借我点钱吗？"就这么几个字，但我们可能会感觉好像扛了一座大山似的。我们的小脑袋瓜里开始打架：一边是"这可是我铁哥们儿，怎么能不帮"，一边是"我自己的钱包也在'喊饿'啊"。

如果你咬咬牙，决定给朋友施以援手，那掏钱之前，有两点得牢记。这两点，我们通过案例来揭晓。

◆ 案例在线 ◆

刘霖："快快快，江湖救急！给我转 500 元钱过来！"

徐昭："你小子，又缺钱了？"

刘霖："哎呀，急用嘛。快点快点，转账转账！"

徐昭："上次我生日，咱俩喝了几瓶来着？"

刘霖："4 扎原浆。你别磨蹭了，赶紧的！"

在网络聊天或者远程唠嗑的时候，认清楚对方是谁可是件大事，特别是涉及转账这种敏感问题。徐昭很机智，他就想试探试探，看是不是刘霖本人在线。他问了一件两人之间发生过的小事："上次我生日，咱俩喝了几瓶来着？"

这方法虽然听起来有点搞笑，但其实很管用。毕竟这种小细节，只有朋友之间才会知道。刘霖要是能快速回答出"4 扎原浆"，那徐昭就能松口气，知道这笔钱是转给对的人了。

徐昭："好了好了，转过去了。"

刘霖："OK，多谢！下个月工资发了就还你。"

徐昭好奇地问："你借钱干啥啊？"

刘霖："哎呀，上个月花超了。等我手头宽裕了，一定第一时间还你。"

一个月后，刘霖一拍脑门，急忙给徐昭转账 600 元。

刘霖："你咋不提醒我还钱呢？给你转过去了，查收一下。"

徐昭："我借给你的时候，就没打算要回来。"

刘霖："你咋这样，说借就是借，有借有还。快收下吧，别让我心里过意不去。"

在徐昭心里，跟刘霖的哥们儿情谊，那可比几张红票子重要多了，他俩的关系，那才是真金不换。

徐昭："咋还多转了 100 元？"

刘霖："这不是晚了几天嘛，算是利息。"

徐昭："你可拉倒吧，咱俩这关系还用得着算利息？"

刘霖："嘿嘿，收下吧。要不，咱俩拿这钱吃饭去呗，我请你！"

徐昭眼睛一亮："哈哈，好主意！走，出发！"

刘霖请徐昭吃饭，这背后其实藏着他的一些小心思。首先，他因为晚还了几天钱，这种愧疚感就像一块小石头压在他心上，他想找个方式卸下来。于是，请客吃饭就成了他的"救赎之道"，毕竟谁能抵挡美食的诱惑呢？

再者，刘霖也想让徐昭以某种方式收下那 100 元。请吃饭既不会让徐昭觉得尴尬，又能让他间接享受到这 100 元带来的好处。

最后，请客吃饭其实也是刘霖想和徐昭多亲近的一种方式。毕竟，发小们坐在一起吃吃喝喝，聊聊天，这种轻松愉快的氛围，可是比单纯的还钱要有趣得多。

刘霖："昭哥，我这个月又花多了，能再借我点钱不？"

徐昭："你小子，又来借钱了？"

刘霖："最近手头紧嘛。你再借我一次，下个月一定还你！"

徐昭："哎呀，不是我不借，但你每个月都来找我，我感觉你都要成借款专业户了。"

刘霖向徐昭频繁借款，反映出他对徐昭的一种强烈的依赖心理。他可能已经把徐昭当作经济上的"安全网"，认为无论何时自己经济上遇到困难，徐昭都会伸出援手。这种心理可能导致他在消费时缺乏必要的约束和计划，因为他知道就算缺钱了也会有徐昭帮忙。

刘霖："我这不是信任你嘛，换了别人我还不借呢。"

徐昭："得了得了，你每次都这么说。这次我得狠下心来，不借了！"

刘霖："啊？昭哥，我真的有急用啊！"

徐昭："我知道你有急用，但你每个月都急用，我也得为我自己考虑考虑啊。你这样下去不是办法，得学会理财才行。"

> 徐昭对于刘霖的频繁借款表现出了一种担忧。徐昭虽然每次都尽量帮忙，但他也知道，频繁借钱不是长久之计，得让刘霖意识到问题所在，学会理财。所以，这次徐昭决定狠下心来不借了，他希望刘霖能明白，自己这样做并不是不愿意帮忙，而是真心希望他能变得更好。

刘霖："理财？"

徐昭："你得改变一下消费习惯，不然以后谁还敢借钱给你？"

刘霖："改变习惯哪有那么容易啊！"

徐昭："是不容易，但总得试试看吧。这次我真的不能再借给你了，你自己想办法解决。"

刘霖："好吧好吧，我知道你是为我好。那我就改改消费习惯吧。"

▶ 借钱给朋友，这两点得记住 ◀

徐昭和刘霖的对话很好地展现了接下来要讲的两点：第一点是"借出去的钱就像泼出去的水"；第二点是"一次借，两次不借"。

借出去的钱就像泼出去的水

"借出去的钱，就像泼出去的水"，这句话虽然有点夸张，但确实说明借钱这件事有点微妙。你一旦把钱借给了别人，就要有钱要不回来的心理准备。

一次借，两次不借

"一次借，两次不借"，这句话对你来说，不仅是一种自我保护的原则，更是对朋友的一种负责任的态度。朋友第一次找你借钱时，你可以二话不说，直接慷慨解囊，毕竟朋友间就是要互相扶持。可是，如果朋友总是找你借钱，那你可就得琢磨琢磨了。

▶ **话术实践** ◀

当朋友不止一次找你借钱时，应该如何拒绝对方并且给对方建议呢？

1. 强调借钱并非长久之计

借钱只能解决你这一次的问题，你想过怎样才能避免再遇到同样的问题吗？

我理解你的难处，不过我还是觉得你应该想办法从根源上解决这个问题。

当朋友找你借钱的时候，你可以和他说，借钱只能解一时的困难，并不能够一劳永逸，这也是为了提醒对方不能够一而再再而三地借钱。

2. 建议对方做好财务规划

你现在工资不高，我建议你还是少买些奢侈品吧，能省不少钱。

你工作不算太忙，业余时间你想没想过做一些兼职增加收入呢？

你可以给朋友提出一些建议，帮助对方做好财务规划，比如减少不必要的支出、做兼职增加收入等。如果真的是朋友，对方应该能够理解你的好意。

把钱借给员工的智慧

在企业管理的大舞台上，我们总是碰到形形色色的挑战，它们像跳动的音符一样不断变换着节奏。其中，有个大难问题，就是怎么才能更好地给员工们加油打气，再顺便表达一下对他们的暖心关怀。近几年，有个很有意思也很有争议的新点子开始出现，那就是——把钱直接借给员工。这种做法听起来好像有点"另类"，但实际上，这里头的门道可不少，既体现了管理的智慧，也透露着对员工的真挚关心。

▶ 案例在线 ◀

小张："老板，我有点事情想找您商量。"

老板："小张啊，有什么事情？"

小张："是这样的，老板，我最近打算买房子，首付还差点儿，想跟公司借点钱。我可以慢慢从工资里还。"

老板："嗯，买房子是大事，但借钱也不是小事。这样，我考虑一下。"

小张："好的，老板。"

小张在跟老板开口借钱时，可能会感到有些紧张和忐忑。毕竟向老板借钱，说起来总让人觉得有些尴尬。他暗自琢磨：老板会不会拒绝啊？又或者，老板会不会觉得他这个员工的财务状况太差啊？

同时，小张也怀有一定的期待。他希望能够得到老板的理解和支持，借钱给他以帮助他实现购房的计划。他想，老板平时也挺看重他的，这次说不定会大方地伸出援手。

（小张离开后）

老板（拿起电话）："让杨经理来一下我办公室。"

老板："杨经理，我想了解一下小张的情况。他确实打算买房子吗？"

杨经理："对，他确实在为买房子的首付努力攒钱。小刘还陪他去看过房呢。"

老板："他在团队里表现如何？"

杨经理："非常出色。他工作积极主动，也挺有创造力。"

老板："那他处理问题的能力如何？"

杨经理："他处理问题很灵活，有什么突发情况反应也快。"

老板："好的，我知道了，你回去吧。"

首先，老板询问小张是否真的打算买房子，这是为了确认小张借钱理由的真实性。

其次，老板从公司利益的角度出发，提出了一系列关于小张工作表现的问题。老板这么问，是想看看小张到底有没有能力还钱，以后在公司还能不能继续发光发热。

（小张再次进入老板办公室）

老板："小张，我刚才和杨经理聊了你的情况。考虑到你在工作中的优秀表现，我决定借钱给你。"

小张："真的吗？老板，太感谢您了！"

老板这招也很高明，先表扬小张过去的工作表现，再提出愿意借钱给小张。老板的意思就是：你过去的努力我看在眼里，以后还得继续努力呀，不然我这钱借出去可不踏实。

老板："但我们需要走正规流程，你得与公司签一份借款协议。还款的话，公司每月会从你的工资里扣一部分。"

小张："没问题，我完全同意。"

老板："这次借款就不算利息了。还款的期限你自己定，别有太大压力。"

通过免除利息和给予宽松的还款期限，老板给小张吃了颗大定心丸。他的信任和支持，简直就像一股暖流，让小张心里倍感温暖，并决定死心塌地地跟着公司干。

小张："谢谢您，老板。我一定会尽快还清，并且更加努力工作！"

老板："去工作吧，把房子的事情处理好，然后全心投入到工作中。"

小张："老板，谢谢您！"

通过这件事，老板和小张之间建立了一种长期的信任关系。这种长期的信任关系，就像是一把无形的钥匙，能打开高效团队合作的大门，也能让我们的执行力变得更强。

▶ 老板得该出手时就出手 ◀

员工方面：

说到员工找老板借钱，这真是个有点微妙的话题。想象一下，员工站在老板门口，心里十分纠结。他为什么会鼓起勇气向老板开口呢？

首先，员工对老板有着满满的信任与依赖。在他眼里，老板就像是个靠谱的大哥。

其次，员工可能是真的亟须解决困难，也许家里有人生病，也许着急交房租，总之就是迫切需要一笔钱来救急。这时候，借钱就成了他的救命稻草。

当然，向老板借钱，员工内心也会有些尴尬与羞耻。毕竟，谁愿意在别人面前展示自己的不堪呢？但是，急需用钱的情况下，他也只能硬着头皮去借了。

老板方面：

老板为什么愿意借钱给员工呢？首先老板也信任这个员工，他知道员工是个靠谱的人，相信员工会按时还钱。老板觉得，在员工面临困难的时候伸出援手，不仅可以提高员工的忠诚度，还能让他更加努力地为公司工作。另外，老板也是个很关心员工的人。他看到自己的员工遇到困难，怎么能不伸出援手呢？

虽然大部分员工都是诚实守信的，但偶尔也会遇到一些借了钱不还的"老赖"。这时候，老板就需要把借钱的"准备"做足。

要明确借款条件和期限，以防事后产生纠纷，而且为了保障双方的权益，还要签一份书面协议。

在还款期间，老板也要和员工保持沟通，了解一下他的还款进度和困难。如果员工还款时又有困难了，老板也可以在合理范围内给予一定的宽限和帮助。

不过，老板也要把握好借钱的度，如果担心借出去的钱太多，可以在公司设立一个救急基金，把"申请门槛"设置好。员工只有过了这道"门槛"才能借到钱。

▶ 话术实践 ◀

身为老板，当员工来找你借钱时，该如何应对呢？

1.留下缓冲时间

行，你的情况我也知道了，不过我需要考虑一下再给你答复。

这样吧，你先回去，我和财务商量一下再找你。

遇到员工找自己借钱时，不要一上来就答应，可以跟员工说自己要考虑一下。毕竟借钱是大事，你需要根据员工平时的工作表现和对员工的了解进行综合考量。

2.公事公办

考虑到你平时的表现不错，公司可以借给你钱，但是需要你签一份借款协议。

你是老员工啦，这5万元钱可以分一年还清，按月在你工资里扣除。

决定借钱给员工后，老板要让员工签订借款协议或是借条，并且要在协议或借条上写清楚还钱的期限和方式。老板还可以根据情况给予员工一定的照顾，比如免利息或延长还款期限等。

3.鼓励员工

老陈，我一直都很看好你，希望你赶快把家事处理好，继续努力工作。

你是咱们公司的优秀员工，把钱借给你，我很放心，相信你一定能渡过这个难关。

员工得到老板的借款后都会心怀感激，老板可以借机鼓励员工，给员工加油打气，增进彼此之间的感情，为以后的工作打下更好的基础。

别做"穷人"的"拯救者"

人常说"救急不救穷",也就是说当我们借钱给别人的时候,要了解别人借钱的真实目的及还款能力。

生活中,我们经常会遇到需要帮忙的朋友或者陌生人。有时候,一些人可能突然遇到了麻烦,比如临时缺钱、生病需要照顾。这时候,我们及时伸出援手,那就像是黑暗中的一束光,能给他们带来巨大的温暖和希望。

▶ **案例在线** ◀

李然:"林毅,我刚从医院回来,有个不太好的消息要告诉你。"

林毅:"怎么了,李然?你的脸色不太好啊。"

李然:"体检的时候,医生发现我身体里长了个东西,需要做手术。"

林毅:"天哪!那你现在打算怎么办?"

李然:"医生说手术要尽快,但我现在手头有点紧,你看能不能……"

林毅："别说了，你需要多少？我马上转给你。"

李然："林毅，真的太感谢你了！这笔钱我可能会慢慢还你。"

林毅："现在别说这些，你的健康最重要。钱的事情以后再说，先把手术做了。"

李然："嗯，等我出院了，一定好好谢谢你。"

对于林毅来说，人命关天，救命的事情显然比金钱更重要。所以林毅二话不说，就把钱借给了李然。

"救急不救穷"的原则在林毅的做法中得到了体现。他并不是在资助长期贫困的李然，而是在应对一个紧急情况。这种援助就像及时雨，能帮李然度过了这道坎儿。

（李然出院后）

李然："我出院了，这次真的多谢你。没有你的帮助，我都不知道该怎么办。"

林毅："你没事就好。"

李然："我想请你吃饭，当面感谢你。顺便跟你说一下，我可能需要三个月才能把钱还完。"

林毅："吃饭可以啊，但钱的事情你真的不用着急。三个月就三个月，我不急用。"

李然也是一个心怀感恩的人，他明白林毅借钱给他的重要意义，并且深知还钱的重要性。虽然身体还得慢慢恢复，钱也要慢慢赚，但他还是明确地跟林毅说了还款计划。这不仅仅是一份承诺，更是他责任感和诚信的体现。

（林毅的另一位朋友也来借钱）

莫简："我最近想买辆车，手头稍微有点紧，能不能借我点钱周转一下？"

林毅："买车是好事啊，不过我可能得跟你说声抱歉了。"

莫简："为什么呀？你不是一向都挺仗义的吗？"

林毅："不是不借给你，只是我最近也有些开销，资金上也确实有点紧张。"

莫简："哦，这样啊……那能不能想想办法，我这边确实有点着急。"

林毅："你知道我一直都很愿意帮忙，但这次真的不行。而且，买车这种事情，我觉得还是应该量力而行，别给自己太大压力。"

莫简："你说得对，我再想想其他办法吧。"

林毅："别客气，如果有其他能帮得上的地方，尽管开口。"

林毅认为买车并非属于紧急情况。跟之前李然突然生病要动手术比起来，买车算不上什么火烧眉毛的急事。毕竟，买车或早或晚都可以，还要视自身的经济实力而定。莫简说"手头稍微有点紧"，在林毅眼里，这就是想买的东西超出了自己的能力范围。

▶ 把"急"和"穷"区分开 ◀

救急的例子：

张先生的女儿身患重病，他急需钱来给女儿治病，朋友借钱给他解了燃眉之急。

王女士的家中失火，财物损失严重，邻居们自发捐款帮助她。

一个学生因为家中有了突发情况无法支付学费，面临退学，老师及时出资帮助他。

救穷的例子：

当别人突然遇到紧急情况，比如生病需要做手术或者是家里意外失火，这时候你的帮助就像是及时雨，能够帮助他人解决问题，让对方重新回归正常生活。这就是"救急"的魅力所在，效果立竿见影。

"救急"其实是在鼓励自助。当有人在紧急情况下得到帮助后，会更加明白自己的责任和自助的重要性。这就像是一个人在摔倒后被人扶起，他会更加小心地走路，避免再次摔倒。

▶ 话术实践 ◀

面对"救急"和"救穷"两种情况，可以采用下面的方法分别处理：

1. 安慰对方

你别想那么多，先把儿子的病治好了。钱可以慢慢还，我们都不着急。

店里的事你不用管了，还有我们呢，你赶快回老家吧，路上小心。

如果是"救急"的情况，你在把钱借给对方的时候，可以顺带安慰对方一下。对方此刻心里应该很焦急，你的安慰对他来说是一种很大的鼓励。

2. 和对方寒暄

对不起啦，这次真的没法帮你，要是有别的地方用得着我，一定要说哦。

真不巧，我最近也没钱，不过你要是有其他的事情，千万别和我客气。

如果是"救穷"的情况，你在拒绝对方的时候，需要注意态度和语气的真诚，同时要和对方寒暄一下，表示愿意在其他方面帮助对方。

逞强借钱给别人,
其实是害了自己

在这个充满人情味却又复杂纷繁的社会中,我们总会面临一些令人左右为难的情况。亲朋好友在经济上遇到点小麻烦时,往往会向我们投来求助的目光,希望我们能伸出援手,给他们一些支援。这时候我们就好像站在了道德的十字路口,不知道该往哪儿走。

说实话,有时候我们自己的钱包也并不鼓,但是看到亲友们殷切的眼神和满满的期待,拒绝的话怎么都说不出口。那种感觉就像是,我要是不帮他们,岂不是成了"小气鬼"或者"不讲义气"的人了?

就是在这样一种复杂的感情驱使下,许多人选择了"逞强",即使心里没底,也要想方设法筹集资金,尽量满足亲友的需求。但当我们做出这样的选择时,我们真正追求的是什么呢?是想要紧紧抓住那份可能因拒绝而破裂的情谊吗?还是更多地出于对社会舆论的畏惧,不想被贴上"冷漠""见死不救"的标签?

◀ **案例在线** ▶

表哥："好久没见了，近来如何啊？"

你："还行，表哥，你找我有事吗？"

表哥："嗯，其实确实有点小事。我最近在看车，有一款特别喜欢，现在买正好有优惠。"

你："买车？那不是挺好的，优惠多少啊？"

表哥："优惠挺多的，但我还差1万元钱。所以，想问问你能不能借我点。"

你："啊？借钱啊……但是我前段时间刚交了房租，现在手头有点紧。"

表哥："我知道你可能不宽裕，但这次机会真的很难得。你能借多少就借多少，剩下的我再想办法。"

你（犹豫）："表哥，不是我不想借，是我现在确实没多少钱。我还得留点钱给我妈买部新手机呢。"

表哥："我理解，可我真的挺想买那辆车，好不容易等到降价了。"

随着对话的深入，你开始感到犹豫和纠结。你明白表哥对那辆车的渴望，也理解他想要抓住这次优惠机会的心情。但同时，你也清楚地知道自己的经济状况并不宽裕。

这种心理状态让你陷入了一种两难的境地：一方面，你想要尽力帮助表哥，因为你们之间有着深厚的亲情；另一方面，你又担心借钱会给自己带来经济压力，甚至影响到自己的未来。

因此，你在回答时表现出了明显的犹豫和担忧。你试图向表哥解释自己的处境，希望他能够理解你的难处。这种心理状态反映了你在处理亲情与经济利益冲突时的复杂情感。

于是，你找到朋友商量要不要借钱给表哥。

你："有个事儿想跟你商量一下。"

张禹洲："啥事儿？说吧。"

你："我表哥最近想买车，但是钱不够，想跟我借点。你觉得我该借吗？"

张禹洲："你自己手头宽裕吗？"

你："其实不怎么宽裕，前段时间刚交了房租，我还打算给我妈买部新手机呢。"

张禹洲："这样啊。那你觉得他能按时还钱吗？"

你："应该能吧，他是我表哥，我们从小一起长大，他的品行我还是比较清楚的。"

张禹洲："听起来你们关系很好。不过，借钱这事儿还是得谨慎点。你得先确保自己的生活不会因为借钱而受影响。"

你："我明白。其实我也不太确定要不要借，毕竟我自己也不宽裕。我再想想吧。"

你因为亲情的牵绊和道德的考量而感到纠结。你担心如果不借钱给表哥，会显得自己不够意思、不讲义气，这让你感到有些焦虑和内疚。

说实话，你心里其实偏向于不借。不是你不够义气，而是你觉得，与其现在硬着头皮借钱给表哥，然后接下来自己过得紧巴巴的，天天担心钱不够用，还不如一开始就实话实说，告诉表哥你现在的情况。

这样虽然可能会让表哥有点失望，但至少你不用过那种捉襟见肘的日子。

你："我仔细考虑过了，关于你借钱买车的事情。"

表哥："嗯，怎么样？"

你："我现在确实没什么钱，前段时间刚交了房租，而且我还打算给我妈买部新手机。所以，我不能借给你。"

表哥："我理解，我知道你也在努力攒钱。我也不想让你因为我而陷入困境。"

你："真的很抱歉，表哥，没能帮上你。"

表哥："没关系，我再想想其他办法。"

在你跟表哥说"不"之后，表哥大概会有这样几种想法：

"嗯，他确实手头紧。他也有自己的计划，不容易。"所以，他应该不会往心里去。

"唉，本来以为他能帮我一把。"虽然表哥嘴上没说，但心里可能会有点失落。不过这种情绪应该很快就会过去，因为他知道你不是故意不帮忙，而是真的有自己的难处。

"没事儿，我再想想别的办法。"如果表哥是个行动派，一听你这边帮不上忙，他马上就会开始琢磨其他方法，或找其他人借，或去银行贷款。

▶ 没钱借给别人的时候千万不要逞强 ◀

"逞强"这个词，多多少少带点"为了面子"的感情色彩，而除了面子之外，还有一类人是真的同情借钱的人，真心想借钱给对方。但不管是因为同情还是虚荣，那可能都超出了你的能力范围。而这样的行为会给你带来什么呢？

出于逞强而借钱给别人，就像是一场没有硝烟的"战争"——你赢得了"英雄"的称号，但可能实际上输得一塌糊涂。

本来手头就有点紧，还要拿出钱来借给别人，结果导致自己的生活质量严重下降，把原本的储蓄或投资计划全打乱了。

总之，借钱给别人之前，得先掂量掂量自己的钱包和对方的信用，千万别为了一时的"英雄气概"，让自己陷入两难的境地。

▶ 话术实践 ◀

别人找你借钱，该如何表达自己"爱莫能助"，又不让对方误解呢？

1. 表示自己没钱

我老婆上个月做手术花了 10 万元，把家底都掏空了，不然的话我肯定会借给你的。

我的钱都买股票了，手里没有那么多钱借给你啦。

如果自己真的没有钱借给对方，你可以向对方坦诚地解释自己的情况，争取让对方相信。

2. 表示自己的钱有其他用处

我的工资得给儿子交学费，还得交房租，然后就剩不下多少了。

我手里是有 1 万元钱，不过那是给我自己交保险用的。

即便自己手里有钱，但是有其他用处，你不能借给对方时，你需要向对方解释清楚，可以尽量说得详细一点，争取让对方理解。

3. 表达歉意

对不起啊，这次帮不了你了，我手里的钱实在有限，希望你不要见怪。

不好意思，我不能借给你钱，希望咱俩的关系别因为这件事受影响。

在拒绝对方的借钱请求时，你要诚恳地向对方表示自己的歉意，并且希望对方不要因此而心怀不满。

写借条是为了保护双方的利益

相信很多人在面对亲友的借款请求时，都曾有过这样的犹豫：要不要让对方写个借条？特别是当关系非常亲近时，这种要求似乎变得更加难以启齿。我们总是担心，这样的要求会让对方觉得我们不信任他们，或者伤害了双方之间的情感。

有时候，我们会遇到那些"懂事儿"的人，他们主动提出写借条，这样的举动无疑给我们吃了一颗定心丸。但更多的时候，我们可能遇到的是那些并不主动提出写借条的人。

▶ 案例在线 ◀

你："怎么了？看你一脸愁容的。"

李夏岚："昨天出了个小事故，我的车剐蹭了，得去维修。我手头有点紧，能跟你借点钱吗？"

你："需要多少？"

李夏岚："5000 元应该就够了。"

你:"好吧,我这就给你转过去。"

你转账 5000 元给朋友。

你:"钱已经转给你了,收到了吗?"

李夏岚:"嗯,收到了,我现在就去修车。"

在你转账 5000 元给李夏岚并确认她收到钱后,如果你对她的借钱和还钱都没什么意见,说明你对她是比较信任的。

你可能认为,既然李夏岚是你的好朋友,她遇到困难时你自然应该伸出援手。你对她的信任和友情让你觉得借钱给她是理所当然的,而且你并不太担心她是否会按时还钱。

你心里还琢磨着,这次小插曲说不定还能让你们的友谊更加深厚呢。

(第二天)

你:"车修得怎么样了?"

李夏岚:"在修着呢,大概得一周后才能取回来,钱我下个月再还给你。"

你:"好的,没问题。"

你心里想着要不要让她写个借条,但最终没有说出口。

(一个月后)

你:"上个月借你的钱,这个月中旬能还我吗?我最近也有点需要用钱。"

李夏岚:"对不起,我忘记了。我月中旬刚发了工资,一会儿转给你。"

然而,过了一会儿你还没有收到钱。

你心想:"怎么还没还钱呢?不知道是不是忘了,我该怎么提醒她呢?"

　　这时的你心里有点犯嘀咕，倒不是担心李夏岚会赖账，而是对她的还款时间有点拿不准。你深知李夏岚是个靠谱的人，借了钱肯定会还，就是不清楚具体什么时候能还。这种焦虑，说白了就是对时间的迷茫，跟她的人品没有任何关系。

　　你心中纠结，于是决定询问另一个好友孙美美的意见。

　　你："美美，我有点事儿想问你。"

　　孙美美："怎么了？看你一脸纠结的样子。"

　　你："上个月我借了一笔钱给夏岚，她说这个月会还我，但现在这个月已经过了一半了，我还没收到钱。"

　　孙美美："那你提醒过她吗？"

　　你："我之前已经委婉地提过一次了，她当时说立刻转给我，但到现在还没动静。"

　　孙美美："嗯，现在确实有点尴尬。你已经提醒过一次了，再说的话可能会让她觉得你不信任她或者显得你小气。"

　　你："就是啊，我也这么觉得。而且当时她借钱的时候，我也没让她写借条，现在对她啥时候还钱心里真没底。"

　　孙美美："这种情况确实挺棘手的。不过，我觉得你可以再提醒一次，这次可以更直接一些，比如告诉她你最近需要用钱，希望她能尽快还款。"

　　你："嗯，过几天我再问一下吧。"

　　你很信任李夏岚，觉得她肯定会还钱，但问题就是，你不知道这笔钱啥时候能还。时间一天天过去，你急得就像热锅上的蚂蚁。

　　之前已经拐弯抹角地提醒过她了，可她依然无动于衷。你开始琢磨，要不要直接点，再去催催？借条也没写，具体时间也没定，心里实在没底。

（5天后，朋友终于把钱还给你了）

李夏岚："对不起，让你等了这么久。钱已经转给你了，你查收一下。"

你："好的，收到了。"

李夏岚："我要好好谢谢你才对，帮了我大忙。周末请你吃饭！"

▶ 写借条可不能"看关系" ◀

在日常生活中，借钱这种事儿很常见。不过，很多人因为关系好或者特别信任对方，经常忽视了写借条或签协议这个小细节。而没有借条的保障，你在等待还钱的过程中会十分煎熬。而且，不要求写借条的做法是有风险的。

借条或书面协议，就像是你的"法庭助手"，万一出现什么小插曲，它们可以在法庭上帮你"说话"，保护你的合法权益。有了这个"助手"，就算对方突然变卦或者拖延还款时间，你也不用担心，因为有证据在手。

而且，借条上可以清清楚楚写上借了多少钱、什么时候还、怎么还等。这样，双方就不会因为记不清楚或者沟通有误而产生误会。书面协议就像一本"明细账"，让一切都明明白白。

对于借钱的人来说，签了借条也会让他们更加意识到这笔钱是要还的。这种小小的心理暗示，会让他们更自觉地按时还钱，也能提高借贷的信用度。同时，书面协议也像是在提醒他们："喂，别忘了还钱！"

在亲朋好友之间，金钱问题往往是个敏感话题。但有了明确的借条或协议，就可以减少双方因为钱而闹矛盾的情况。这些文件就像一道"防火墙"，保护着你们原本和谐的关系。

▶ 话术实践 ◀

当你想要借你钱的人给你写借条时，可以采用下面的方法：

1. 直接要求对方写借条

借钱当然没问题，我肯定会借给你。不过我希望你能给我写一张借条。

你给我写张借条吧，回头你还我钱的时候，我再把借条还给你。

无论借钱的人和自己的关系是近是远，你都可以在借给对方钱的同时，直接要求对方给你写借条，不用觉得不好意思。当然，提要求的时候语气要和缓一些。

2. 强调借条的重要性

写借条就是"防小人不防君子"，让咱俩都放心，你说是吧？

咱们可是好多年的朋友啦。写张借条对你我都好，免得咱们以后产生矛盾。

在要求对方写借条的时候，你可以向对方强调一下写借条的重要性，比如借条有助于避免未来可能出现的误解或争议，借条可以保护双方的利益，因没有借条产生的后果可能会影响双方的关系等。

3. 协商借条的内容

借条怎么写，咱俩可以一起商量，你说怎么样？

你放心，借条的条款，我会征求你的意见，不会让你吃亏的。

如果对方担心写借条可能会产生某些后果，你可以和对方就借条的具体内容进行协商，确保双方对于借款的细节问题达成一致意见。

如果借出去的钱一直要不回来，怎么办

曾经，你出于善意和信任，把钱借给了一位朋友。当时，他愁容满面地向你诉说自己的困境，你看到他的无助和焦虑，于是毫不犹豫地伸出了援手。可谁承想，日子一天天过去，还钱的事儿却迟迟没动静，约定的时间早就过去了。

每次你们相遇，他都对那笔钱避而不谈，甚至有时候连你的目光都不敢接触。你心中开始有些不安，借出去的钱虽然不多，但对你来说也不是一笔小数目。你开始猜疑：那些钱，他到底会不会还？

你试着拐弯抹角地提醒他，可他总是有千奇百怪的借口。渐渐地，你开始有点闹心，甚至开始怀疑当初自己太傻了。你心里跟打翻了五味瓶似的：那钱，难道就这样打水漂了？

▶ **案例在线**

你："听说你家装修好啦？"

朋友："是啊，装修是完成了，但现在还缺点钱买家电。你手头宽裕吗？能不能借我点儿？"

你："需要多少？"

朋友："3万元就够了。我知道这是个不小的数目，但我现在确实周转不开。"

你："好吧，我正好有3万元的应急资金，可以借给你。不过，你怎么不考虑贷款呢？"

朋友："唉，房贷已经让我'压力山大'了，再贷款买家电，利息都吃不消。跟你借，能不能不要利息啊？"

你："既然你这么说，那就算了吧。这3万元我本来也只是留着应急的，你拿去用吧。"

朋友："太感谢了！我可能需要一年左右的时间来还这笔钱，可以吗？"

你："没问题。"

你一片好心地借钱给朋友，希望他能够开心地装修完房子然后住进去，过上舒适的生活。这种美好的憧憬，源于你和朋友深厚的友谊，以及你那颗热腾腾的乐于助人之心。

你信心满满地认为，到了约定的时间，朋友肯定会把钱还给你。而且为了这份难得的友情，你连利息都大方地免了。

（一年后）

你："记得去年我借给你的那3万元钱吗？现在一年了，你什么时候能还我啊？"

朋友："呃……这个……那个……我最近手头有点紧……"

你："是遇到什么难事儿了吗？如果需要帮忙尽管说。"

朋友："哎呀，不是的，就是……就是暂时周转不开。过段时间我一定还你！"

这时候，你心里五味杂陈。一方面，你还是很信任你的朋友，觉得他可能真的遇到了一些小困难；另一方面，看着那 3 万元钱还没回到口袋里，你心里又难免有点小失落和犯嘀咕。

你开始琢磨，这次借钱的事儿可能没想象的那么顺利。但话说回来，你俩是多年好友，所以你还是决定耐心等等，不急着催债。

不过，这事儿也给你提了个醒，以后借给别人钱可得三思而后行。你在心里默默地给这段友情打了个小小的问号，也开始盘算着以后遇到类似的情况该如何处理。

你注意到朋友在朋友圈"晒"了新车。

你："我看了你朋友圈，你是不是刚买了新车？有钱买车怎么没钱还我？"

朋友："那个……车是贷款买的，现在还款压力也很大。你放心，过段时间我肯定还给你！"

看到朋友在朋友圈"晒"新车，你首先感到的是惊讶和不解——明明他还没有还你的钱，怎么突然有钱买车了？这种疑惑很快转化为不满和失望，因为你意识到，朋友可能并没有像你想象的那样急需用钱，或者他至少没有把还你钱作为优先事项。

当你质问朋友时，他虽然解释了买车的资金来源，但并未给出具体的还款计划，这进一步加深了你的不安。你开始意识到，讨债之路可能会很漫长。

▶ 当有人跟你借钱不还时，可以换个思路 ◀

借小钱，看清一个人，不亏

别小看那区区的几百元，它就像一面照妖镜，瞬间就能让你看清一个人的真实面目。有些人，觉得钱少就可以肆意践踏别人的信任，拖延甚至拒绝还款。这种行为，直接反映了一个人的人品存在很大问题。

通过这小小的借贷行为，你能一眼洞穿对方是否守信、是否懂得尊重。如果对方因为这点小钱就玩失踪、耍无赖，那只能说明他们的人品极差，不讲信誉。对于这样的人，你要趁早远离，省得以后被他们坑得更惨。

"借小钱，看清一个人"，这不仅仅是一种识人方法，更是一种自我保护手段。通过这种方式，你能够迅速筛选出那些不值得交往的人，避免让自己陷入更深的泥潭。从这个角度来看，"借小钱，看清一个人"简直是太值了，不仅不亏，还赚大了。

吸取教训，再也没有下一次

下次再遇到有人借钱不还的情况，你应该毫不犹豫地采取措施来保护自己的权益。

你得要求对方写下欠条，并注明还款日期和金额，以确保有法律效力的证据在手。这样，在对方不履行还款承诺时，你就有了追讨债务的依据。

如果对方仍然拒绝还款，你就可以考虑通过法律途径来解决问题。起诉虽然是一个比较烦琐的过程，但为了维护自己的权益，不得不采取法律手段。

你得从这次经历中吸取教训，更加谨慎地处理与金钱相关的事务，确保自己不再受到类似的伤害。

一次不还，就终身不借吗

"一次不还，终身不借"——这话听起来太决绝。在现实生活中，真的需要这么极端吗？其实，金钱往来只是人际关系中的一小部分，别因为一次"挫折"就全盘否定。

有人借钱不还，肯定会让你不舒服。但是，别急着下结论，先冷静下来，想想这次借款出问题的原因是什么，是对方真的遇到了大难题，还是他只是想占点小便宜？重要的是，你要从这次经历中吸取教训。

遇到借钱的情况，你还是要根据具体情况来判断。如果是朋友突然生病需要钱治病，或者是遇到了什么困难，你当然可以大方地伸出援手。但是，对于长期的"月光族"或者喜欢乱花钱的人，那你就要多个心眼了。

别因为一次的不愉快经历就全盘否定他人。相反，你应该从中学到东西，变得更精明、更理智地处理金钱往来。

▶ 话术实践 ◀

如果找你借钱的人很久都没有还钱，可以尝试这样追债：

1. 直接沟通

上次你向我借的那 5 万元钱说好一年还的，现在又过去三个月了，希望你赶快还我。

老李，这是你写的欠条，我现在急用钱，你能不能把我那 3 万元钱还我？

当约定的时间已经过去，对方没有还钱的时候，你应该直接和对方沟通，让对方尽快还款。如果借钱的时候对方写过借条，你还可以把借条拿出来作为提示。

2. 最后"通牒"

小陈，你的欠条在我这里，如果你再不还钱，我就要去法院起诉你。

我这是最后一次找你了，下次咱们就法院见吧。我不希望咱俩最后闹成这样。

如果沟通之后，对方仍然不愿意还钱，你可以最后一次要求对方尽快还款，并且表示如果他再不还钱，你就要采取法律手段了。

借钱规则：有没有利息要提前说清

要说借钱这事儿，明确和合适的利息计算可是件大事儿。这不仅仅是保护出借人的小钱袋，还是让借贷双方关系和谐、信任满满的关键。

有时候，我们可能因为对朋友百分之百信任，就没把利息说明白。但这种做法，往往会招来纠纷和不快。

所以，借钱之前得牢记：把利息算得清清楚楚，这才是借贷双方负责任、聪明的选择。那种不清不楚的借贷，只会让大家都头疼，带来一堆不必要的麻烦和误会。借钱也得明明白白，这样才能让双方都开心。

▶ **案例在线** ◀

你："看你最近好像有点烦心事，怎么了？"

朋友："唉，家里人生病了，现在急需一笔钱来治病。我还在想办法，真的挺头疼的。"

你："需要多少？我看看能不能帮到你。"

朋友："大概需要 10 万元。如果你为难的话，就不用勉强。"

你："兄弟，你这么说就见外了。你家里有难，我怎么可能不帮忙？"

朋友："给我一年时间，我一定连本带息还给你。"

你："行，治病要紧。一年时间我可以等，你先把家里的事情处理好。"

朋友："你真是我的大救星！等这事过去了，我请你吃饭，好好感谢你！"

你："吃饭是小事，你现在就专心照顾家人吧。我马上把钱转给你。"

（随后，你进行了转账操作）

你："钱已经转给你了，收到了吗？"

朋友："收到了，到时候我一定会连本带利还给你！谢谢你，我不知道该怎么报答你才好。"

> 听说朋友家里人生病，你急得像热锅上的蚂蚁：这种事情怎么能不帮忙呢？你展现出了对朋友的深切关心和担忧。
>
> 朋友说需要10万元，你二话不说，立马答应下来，准备转账。你完全理解和支持朋友，这个时候不伸出援手，那还叫什么朋友呢？
>
> 至于利息，你觉得应该先放一放，治病要紧。这充分体现了你对朋友的信任和宽容。你相信朋友一定会履行承诺。

（一年后）

你："家里人的病怎么样了？"

朋友："哦，对不起，我忘了告诉你，家里人现在已经康复了。我马上就把那10万元还给你。"

你："那太好了，听到你家人康复的消息我真的很开心。"

（过了一会儿，你手机提示有转账信息）

你："兄弟，钱我收到了，但是只有10万元。"

朋友："对啊，我只借了10万元啊。都还你了，我就轻松多了。"

> 你的心情简直像过山车一样，一开始听到朋友家人康复的消息，

你简直要跳起舞来了，可接着，手机叮咚一响，钱是到账了，但只有 10 万元。

你心里琢磨着，之前不是说好有利息的吗？虽然你借钱的时候，根本不是因为图那点利息，但现在总感觉哪里不对劲。就像你好心帮人买了个冰激凌，人家吃完连句"谢谢"都没说，不免让人觉得有点失落。

你心里很不是滋味，感觉自己的善良和帮助一文不值。

虽然你也知道，朋友可能因为家里的事儿忙得晕头转向，忘了提过利息的事，但你还是希望自己的好意能得到一点回应。这种心情的起伏，就是你在帮别人的时候，还是希望能得到一点情感上的回报，也就是情绪价值。可惜别人似乎并未想过要"回报"，你心里自然空落落的。

▶ 关于利息，要提前说 ◀

提前说好借钱有没有利息很重要，这是因为：

话说在前面：就像去吃饭，得先知道菜单上有什么，不然等菜上桌了发现不是自己想吃的，那岂不是尴尬？借钱也一样，先说好利息，大家心里都有个数，未来就不会因为误会而闹得不愉快。

按规矩办事：虽然这是个人之间的借贷，但也得有规矩。明确利息就能让大家明白，这不是单纯的"施舍"，而是借款人要为此付出一定的代价。

免去尴尬：如果没说好利息，到还钱的时候，双方会纠结给不给利息、给多少合适。提前商量好利息的问题就能避免这种麻烦。

搭建信任的桥梁：通过明确利息等借贷细节，双方都能感受到彼此的尊重和信任。这种透明和坦诚的沟通方式，就像给双方关系涂了一层润滑油，让借贷更加顺畅和愉快。

就算不想给利息，请借你钱的朋友吃顿饭、多说几句感谢的话总能做到，千万别让借给你钱的人寒心。

提前说好借钱是否有利息是一种负责任、考虑周全的做法。在个人借贷中，虽然情感很重要，但明确有无利息也是不能忽视的问题。这样才能让大家都开心、放心。

▶ 话术实践 ◀

在和借钱的人谈利息问题时，可以这样说：

1. 提前说好是否收利息

咱俩是发小，就借了 1 万元钱收什么利息啊？不用给了，你到时还我本金就行。

老陈，10 万元不是小数目。我可以借给你，但是我要收一点利息。

在决定借给对方钱的时候，你就要想好是否收利息。无论收与不收，你都要和对方当面讲清楚，不要含含糊糊。如果收利息的话，你在陈述理由时要表现得自然大方。

2. 协商收多少利息

你还我钱时，给我 2000 元钱的利息就好，如果你同意，就写在借条上吧。

利息的事情咱俩可以商量一下，你有什么想法可以告诉我。

有关利息的问题，双方可以进行协商，并且把有关事项落在纸上，比如是否收取利息、收多少利息等，这样对双方都有利，以免将来还钱的时候引起误解。

◆ **借钱小知识** ◆

借款时没有约定利息还能主张利息吗?

借款时的利息一般可以分为两种。第一种是借期内利息,没有约定借期内利息则视为没有利息。第二种是逾期利息,既没有约定借期利息,也没有约定逾期利息,但是约定了还款期限的,出借人可以要求借款人支付自逾期还款之日起至借款返还之日为止,资金被占用期间的利息或同期一年期贷款市场报价利率(LPR)计算的利息。

民间借贷的利率是如何规定的?

《最高人民法院关于审理民间借贷案件适用法律若干问题的规定(2020第二次修正)》第二十九条,出借人与借款人既约定了逾期利率,又约定了违约金或者其他费用,出借人可以选择主张逾期利息、违约金或者其他费用,也可以一并主张。

根据以上法律规定,民间借贷的利率可以适当高于银行的利率,但是最高不得高于借款发生时一年期贷款市场报价利率的四倍,超出的部分不予支持。同时,利息不得计入本金计算复利,也就是人们常说的"利滚利"。

有借条就一定能打赢官司吗?

有借条不一定就能够打赢官司。因为借条只能证明借贷双方之间有约定,如果借款并没有实际支出过,借条实际上并没有法律效力。因此,民间借贷在签订书面借款合同时,要尽量采取银行转账的形式交付款项,保留支付凭证,以免因借款人不承认而导致不必要的麻烦和纠纷。

下篇

开口借钱有技巧

囊中羞涩的窘境，谁没遭遇过呢？当你眼巴巴地看着梦寐以求的物品，手却不自觉地摸向比脸还干净的口袋时，内心是不是哀号着："天哪，谁能慷慨解囊，借我点钱啊？"

又或者遇上"天灾人祸"急需用钱，尽管你急得像热锅上的蚂蚁，也掏不出一分钱的时候，你心里又是多么的悲哀。别急，这就来给你支支招。其实，即便是在借钱这种尴尬的事情上，你也能展现出优雅风范。

借钱这事儿，也能借得优雅，借得有范儿。

明确你的借钱原则。借钱之前你得先掂量掂量自己，确保有还钱的实力和诚意。这不仅是对自己负责，更是他人的珍视。

学会筛选借款人。不是所有人都会心甘情愿地为你掏腰包，你得瞄准那些跟你关系好、经济实力又雄厚的人。这些人更懂你，也更愿意在你遭遇困境时拉你一把。

展现你的优雅风范。比如，在还钱的时候要守时守信，不拖拖拉拉。这样不仅能提高你的信誉，还能让你养成良好的消费习惯，避免不必要的麻烦。

借钱虽然有点尴尬，但只要你掌握了诀窍，摆正了态度，就能轻松应对各种场合。别想着占人便宜，也别忘了保护别人的利益，这样你才能在社会这个大舞台上翩翩起舞。

第五章

借钱之前要
明白的那些事儿

借给你是情分，不借是本分

当你站在人生的十字路口，手中紧握着羞涩的钱包，而眼前却有一项迫在眉睫的大额支出时，那种无助与焦虑会如潮水般涌上心头。在这个关键时刻，你会想到哪些亲近的人，是深交多年的朋友，还是血脉相连的家人？

相信你心中或许早已有了一个或几个名字，他们是在你心中有着特殊地位的人。你在开口之前，心中充满了期待与希望，仿佛已经看到了他们点头答应的那一刻。你甚至开始构想，这笔钱将如何帮助你摆脱目前的困境，让你的大麻烦烟消云散。

终于，你鼓起勇气，向那个你认为最可能帮助你的人开了口。然而，当你遭到拒绝时，那种巨大的落差，就像是从山顶跌落谷底，一时间让人难以接受。原本满怀的希望突然落空，失望如同冰冷的雨水淋湿了你的心。

借钱，本身就是一个敏感而复杂的问题，涉及金钱、信任和人际关系。即使是最亲密的人，也可能因为各种原因而无法伸出援手。

▶ 案例在线 ◀

你："表姐，你现在忙吗？我有点事想找你。"

表姐："不太忙，怎么了小丽？有什么事情吗？"

你："是这样的，我现在的房子快要到期了，我想搬到一个新的地方。但是，前段时间我生病了，花了不少积蓄。你……能不能借我点钱？我保证一有钱就马上还你。"

表姐："这……小丽，我真的很想帮你，但最近我自己的经济状况也不太好。"

你："哦，没关系。我会再想办法的。"

你带着一种近乎确信的想法向表姐开口借钱。一直以来，表姐都给你一种很靠谱的感觉，所以当你需要帮忙时，第一个就想到了她。你觉得表姐肯定会帮你，毕竟在你心里，这种互相帮忙的事情理所当然。

不过，当表姐说她最近手头也有点紧，不能借钱给你时，你心里立刻咯噔了一下，有点失落，感觉像是突然踩了空。你原本对表姐寄予了厚望，认为她会帮你渡过难关，可事与愿违。

稍后，你向朋友倾诉了这件事。

你："唉，我今天去向表姐借钱了。"

朋友："怎么了？她没借给你吗？"

你："是啊，她说她最近经济也紧张。"

朋友："这有点出乎意料，你们关系那么好。"

你："我本以为她会帮我的，现在心里有点失望。"

朋友："嗯，这种感受我能理解。但借钱这种事情，真的不是那么容易。也许她真的有难处呢？"

当你告诉朋友自己去向表姐借钱却未能成功时，你的语气中透露出失望。这种失望源于你对表姐的期望未能实现。由于你和表姐关系很好，所以你本以为她会在你需要的时候伸出援手。然而，表姐以经济紧张为由拒绝了你，这种期望与现实的落差导致了你内心的失望。

你在向朋友叙述这件事时，也表现出一种寻求理解的心态。你希望朋友能够理解你的感受，体会到你因借钱被拒而产生的挫败感和无助感。当朋友表示理解并安慰你时，这种共鸣让你感到稍微宽慰一些。

你："可能吧。但我就是觉得，如果她真的想帮我，应该会有一些办法的。"

朋友："话是这么说，但每个人都有自己的生活压力和财务规划。也许她真的无能为力。"

你："也许你说得对，我不应该对她期望太高。我还是再想其他办法吧。"

朋友："没错。"

经过朋友的一番开导，你豁然开朗。你开始反思自己之前的想法，意识到自己不能太天真地先入为主，认为表姐一定会借钱给自己。你可以调整心态，抱着一种更轻松、更开放的态度去面对借钱这件事。

借钱并非一件简单的事情，它取决于对方的意愿和能力。借钱是出于情分，而不借也算对方的本分。这样去理解会让你的心情变得轻松愉悦。

借钱时不能理所应当

"借你是情分，不借是本分"，这句话其实就是说，借钱这事儿，既要看人与人之间的交情，也要尊重每个人的选择和底线。

如果有人愿意借钱给你，那肯定很信任你。他们在你需要的时候，二话不说就伸出援手，这种情分很难得。这种情分不仅仅是因为钱，更重要的是那份心意和支持，让人感觉特别温暖和有力量。所以，我们要好好珍惜这些愿意帮助我们的人，别忘了用实际行动去感谢他们。

不过，不借钱给你也是人家的权利。毕竟，每个人都有自己的难言之隐和计划，不能随便把钱借出去。如果有人不借钱给你，也别太往心里去。我们要尊重他们的决定，别因此闹得不愉快。

然而借不到钱，难免会有心理落差，怎么办呢？避免借不到钱而感到失落的妙招就是，一开始就抱着"我可能借不到钱"的心态去尝试。这其实就像在心里先给自己打了个"预防针"，让你能更从容、更理智地面对借钱这件事。

想象一下，你带着这种轻松的心态去借钱，就算被拒绝了，也不会觉得难以接受。而且，这样做还能减少那些令人尴尬的场面和不必要的争执，会让你的社交关系更加和谐。

有了这种心态，你自然而然就会更加珍惜自己手里的每一分钱，也会想方设法通过其他途径来解决财务问题。这是一种既潇洒又负责任的生活态度。

▶ **话术实践** ◀

开口向别人借钱的时候，需要牢记以下几点注意事项：

1. 开门见山

欣欣，我想给我妈换部新手机。你能借给我 2000 元钱吗？

单位两个月没发工资了，我们家里都揭不开锅了，你能借给我点钱吗？

想要找人借钱的时候，你最好开门见山地和对方说，不要拐弯抹角、东拉西扯，浪费彼此的时间。尤其是面对性格豪爽的人，你有话不直说只会给对方留下不爽快的坏印象。

2. 表示感谢

谢谢，你真是帮了我的大忙了，不然我下个月都没法过了。

难怪大家都说你仗义，真是太谢谢你了。我一定会尽快还给你的。

当对方愿意借给你钱的时候，你要及时表示感谢，可以感谢对方的雪中送炭，也可以承诺会尽快还钱。

3. 表示理解

没关系，我理解。我再去找别人借一下。

大家日子都过得不容易，我不怪你，你不要想太多。

如果对方拒绝借给你钱，你一定不要表现出不高兴的样子，不要说气话，也不要说伤感情的话，而是要理解对方。即便你知道对方是在找借口拒绝你，你也不能直接和对方撕破脸。

借钱之前，
先"掂量"一下自己

借钱，可不是一拍脑袋就能决定的。在决定借钱之前，咱们得先"掂量"一下自己，也就是说，得对自己有个全面又准确的认识。千万不要没做任何准备就去找人借钱，结果碰了一鼻子灰。

很多人在借钱前，不先掂量一下自己就贸然出击。结果往往是对方对你并没有那么信任，最后钱没借到，还可能把关系搞僵。所以，借钱前一定要三思而后行，别冲动。

借钱不是单方面的行为，而是双方在信任基础上的互动。你只有对自己有足够的了解，对朋友或家人的态度有足够的把握，才能更有底气地去借钱。

▶ **案例在线** ◀

情节一：

你："小李，我最近缺钱，能借我点钱吗？"

小李："我听说你之前借的钱都还没还呢。"

你："那个……是还没还完，但这次我真的很需要钱。"

小李："你上次也是这么说的。你这样一直借钱不还，让我怎么信你？"

你："我这次真的会还，我发誓！"

小李："发誓有什么用？等你先把之前的债都还清了，再来找我谈借钱的事吧。"

你："……"

小李："别怪我说话直，你这样做真的很不负责任。我真心希望你能处理好自己的事情。"

你对自己的财务状况可是心知肚明的，那几笔还没还清的账目，一直在你脑海里晃荡。但这并没拦住你向小李伸出借钱的手，你这是在悄悄逃避自己那些令你头疼的财务上的小烦恼，想靠朋友的力量先缓口气儿。

你找小李借钱的时候，心里那点小九九可没藏住。你觉得小李对你的借款情况一无所知，或者就算他知道了，也会看在多年友情的分上，慷慨解囊，其实你是异想天开。

情节二：

你："小王，最近有点事情想找你帮忙。"

小王："怎么了？你说吧，能帮的我一定帮。"

你："我最近想趁着'618'活动换台新电脑，但手里资金有点紧张，不知道你能不能借我点钱？"

小王："换电脑啊，那款电脑现在打折吗？"

你："对，现在买的话性价比很高，所以我想抓住这个机会。"

小王："那你要借多少呢？"

你："5000 元，可以吗？我知道这有点多，但我真的很需要这台电脑。"

小王："没问题，我记得你上次借钱后很快就还了。我这就转给你。"

你："太感谢了，小王！我一定会尽快还你的。"

小王："没事，大家都是朋友，互相帮助是应该的。如果以后还有其他需要，随时找我。"

在向小王借钱时，你很真诚，完全没有因为以前守信用就摆出一副"我应该借到钱"的样子。相反，你很客气地提出了请求，还特意强调了新电脑对你有多重要，以及最近资金确实有点紧张。这种态度，让人一看就知道你是真的需要这笔钱，而不是一时冲动。

当小王答应借钱给你时，你的眼睛都亮了。你立马表达了对小王的感激之情，就像得到了心心念念的玩具一样开心。

借钱也要有自知之明

在借钱之前先考量一下自己平时的"信誉分"非常重要。

信任基础："信誉分"实际上是你过去行为的累积体现，它反映了你的可靠性和诚信度。要是你平时就是个讲信用、负责任的人，那别人更愿意在你需要时伸出援手。

还款可能性的评估：你的"信誉分"还像是一面镜子，让借款人能看到你未来还钱的可能性和速度。分数高说明你之前借钱都是按时还的，是个值得信赖的人。这样，别人借钱给你时心里就更有底了。

维护人际关系：借钱往往发生在亲朋好友之间，考量自己的"信誉分"也是出于对这段关系的尊重和保护。要是你总是借钱不还或者拖拖拉拉，那恐怕会让亲朋好友们心生芥蒂。

减少借贷风险：从借款人的角度来看，将钱借给信誉良好的人能够降低借贷风险。谁不想把钱借给那些有稳定还款记录和诚信满满的人呢？这样也能减少潜在损失。

◆ **话术实践** ◆

在借钱的时候，有哪些做法能够展现出你的诚信和责任感呢？

1. 展现自己的良好信誉

我之前找你借钱很快就还了，这次你放心，我会像上次一样按时还你的。

上次我向老李借钱，还主动给了他利息呢，不信的话你可以问问他。

在借钱的时候，你可以向对方展现自己的良好信誉，比如告诉对方你之前找别人借钱，很快就还清了，并且还主动给了利息，这样可以让对方更加信任你。

2. 主动给对方写借条

我给你写借条，我会把还款日期和利息写清楚，如果到时候没还，你可以去告我。

这是借条，这是我的身份证复印件。请你放心，我一定准时还钱。

向对方借钱的时候，你可以主动提出给对方写借条、提供身份证复印件，或是提供抵押物，这样可以让对方放心。

开口借钱前，
先确认自己的还款能力

　　总有那么一些人，一拍脑袋就"勇敢"决定借钱，也不管自己到底有没有能力还清。他们可能是因为一时手头紧，也可能就是觉得自己经济状况不错，但说实话，这种冲动行为真的很容易惹麻烦。

　　等到还款日一到，这些人傻眼了，发现自己根本没钱还。这时候，他们就开始绞尽脑汁想办法，向债主说好话，拖延战术轮番上阵，有的甚至不惜舍弃尊严躲避债务。但这种做法治标不治本，反而让他们越陷越深。

　　一次次地用面子去堵金钱的窟窿，最后只会让自己越来越没面子。等到面子堵不住这个大窟窿的时候，他们不仅钱没了，连朋友、信任和尊重一并失去了。这种损失，可不是用钱能衡量的，到时候后悔都来不及。

◢ 案例在线 ◣

（第一次借钱）

你："兄弟，我最近刚毕业，手头有点紧。能借我1万元钱吗？我想先租个房子住下来。放心，三个月之后我一定还你。"

朋友："没问题，兄弟之间互相帮忙是应该的。你刚毕业，确实需要时间来稳定下来。这1万元你先拿去用，不用着急还。"

（三个月后）

朋友："兄弟，那1万元钱你现在能还了吗？"

你："哎呀，真是不好意思，这三个月里我买了些家居用品，工资也没攒下多少。能不能再给我点时间？我保证会尽快还你的。"

朋友："行吧，我也不急着用这笔钱。你慢慢来，别有压力。"

这时你的朋友对你可是百分之百信任。他知道你才刚踏入社会，没有存款，所以就特别大方地借了钱给你。你当时肯定很感动，这简直就是雪中送炭。

不过，三个月后，当朋友问你钱能否还的时候，你估计摸了摸口袋，这时你才想起来，这三个月里你买了不少家居用品，工资也没攒下多少。这可如何是好？

好在朋友就是朋友，他看你那副窘态，并没有咄咄逼人。出于朋友的情意，他宽容又体贴，一再延后你还钱的期限。

（第二次借钱）

你："兄弟，我又来了。我想买辆电动车，上下班方便点。能不能再借我点钱？这次我保证，三个月内和之前借的一起还你。"

朋友："你确定这次能还上吗？不是我不相信你，只是上次的钱你还没还清呢。"

你:"放心吧,我这次一定说到做到。买了电动车后,我通勤方便了,还能省下不少时间,工作也会更有效率的。"

朋友:"好吧,一会儿转给你。"

(又过了三个月)

朋友:"兄弟,那笔钱你该还了吧? 连同之前的。"

你:"呃……真是抱歉,我还差 2000 元。这几个月里又有些突发情况,我没能攒下钱。你能不能再给我点时间?"

朋友:"……好吧,但是这是最后一次了。我不能总借钱给你,而且我比较担心你的消费习惯,这种行为很不好。"

这个时候,你的朋友对你有了一丝怀疑,因为你之前并没有及时还钱,但他还是很理解你的处境,不是不愿意借钱给你,而是更担心你的消费习惯。他并不认可你的消费行为,觉得这样借钱给你并不能给你带来好处,只会让你更加肆无忌惮地消费。

(还钱后)

你:"兄弟,我终于把钱都还清了。真是太感谢你了,一直这么信任我。"

朋友:"嗯,收到了。以后还是要注意一下自己的消费习惯,别总是借钱了。"

你:"我知道了,以后一定会注意的。谢谢你!"

当你把钱都还清了,估计你朋友心里那块大石头终于落地了,轻松得就像卸下了千斤重担。这笔借款对他来说,可能就像一只嗡嗡叫的蚊子,老在他耳边转悠,现在可算是拍死了这只"蚊子"。

虽然朋友没明说,但感觉你们之间的关系,可能会因为这次借款经历变得有点微妙。毕竟,借钱这事儿,说大不大,说小也不小,总会在你俩之间留下痕迹。

▶ 有还钱的底气，借钱时才更加自信 ◀

当我们确信自己有足够的偿还能力时，我们在借钱时就会表现出更多的自信。这种自信不仅来源于我们的经济实力，更来源于我们的责任感和诚信度。借款人通常更倾向于把钱借给那些表现出自信和底气的人，因为这通常意味着他们更有可能按时偿还债务。

▶ 话术实践 ◀

在借钱的时候，该怎么说才能促使对方愿意借钱给你呢？

1. 证明自己的还款能力

这是我家的房产证，如果我还不上钱，我就把房子卖了。

我把小陈带过来了，他愿意做我的担保人。

向对方借钱的时候，你可以向对方证明自己有还款的能力，比如给对方看自己的收入证明（工资单、银行流水等），资产证明（房产证、车辆证明），找第三人给自己担保，等等。

2. 表现得自信一些

我保证明年就连本带息都还给你。

我既然借钱，就肯定能还得上。

借钱的时候，你要表现得自信一些，在言语上多用一些确定的词语和句子，这样对方会更愿意借钱给你。

人家愿意借钱给你，
你也得"把话说清楚"

在借钱这个敏感的话题上，"把话说清楚"不仅是一种基本的礼貌，更是对这份信任的尊重和保护。

想借钱的时候，要明确告诉对方为什么要借，是因为遇到了麻烦，还是有什么长远的打算。这样，对方就能明白我们的难处，感受到我们的真诚。

同时，明确还款的时间也是必不可少的，这样能给对方更多的安全感，也算是给双方加个"保险"。书写借条或通过其他方式留下明确的借款记录，可以进一步增强对方的信任感，也为双方提供了一份法律上的保障。

▶ **案例在线** ◀

你："宋哥，在忙啥呢？"

宋哥："你来了，啥事儿？我在看店呢。"

你："宋哥，我有个事儿想跟你商量一下。我最近想买辆车，但是手头稍微有点紧，你看能不能借我点钱？"

宋哥："哦？买车啊，这是好事儿。你差多少啊？"

你："5 万元。我知道这不是个小数目，但我半年内一定会还你。"

宋哥："行，我自己交的朋友我还是信的。"

你："这是我的身份证复印件，再给你写张借条。这次借钱我家里人也都知道，你完全可以放心。"

你递上身份证复印件和写好的借条。

一开始，你一提借钱买车，宋哥可能有点不太情愿，毕竟对于借钱这事儿，总得掂量掂量。他可能会担心你是否能够按时还款，或者这笔钱会不会石沉大海。

你直接递上身份证复印件，还写了张借条，说明对此事十分重视。宋哥一看，身份证是真的，借条也写得清清楚楚，心里那块石头就落地了一半。借条是一种法律上的约束和保障，显示了你对还款的认真态度和诚意。

再后来，你一说家里人都知道这事儿，宋哥就彻底放心了。他琢磨着，既然家人都支持你，那这钱借出去，应该也没什么大问题。这种家庭的支持通常会让债权人感到更加安心，因为他们认为这样的借款更加稳妥和可靠。

宋哥："嗯，你一向讲信用，我信你。"

宋哥拿出手机，开始转账。

宋哥："好了，5 万元已经转给你了。你查收一下。"

你："太感谢了，宋哥！你真是帮了我大忙了。对了，这个转账记录你一定要保存好啊，如果我到时候没还钱，你直接导出电子凭证就行。"

宋哥："你想得真周到。行，我会保存的。你就放心去买你的车吧。"

你:"多谢宋哥！这次你真的是帮了我一个大忙。我保证会按时还钱。"

宋哥:"好嘞,我相信你。等你买了车,别忘了带我兜兜风,让我感受一下你的新车。"

宋哥原本已经对你产生了一定的信任,准备借钱给你,并且也实际完成了转账。你如此细心周到,宋哥就更放心了。

你提醒宋哥保存转账记录,并建议如果自己没按时还钱,他可以直接导出电子凭证。这个建议实际上是在保障宋哥的权益,显示出你不仅考虑到自己的需求,也同样关心对方的利益。这种能站在别人角度考虑问题的方式,让宋哥觉得你是个既真诚又有责任心的人。

当你说出这番话时,宋哥对你的信任无疑又上了一个台阶。他不仅认为你是一个讲信用的人,还看到了你细心、周到和为他人着想的一面。这样的你,自然更容易赢得他人的信任和尊重。

▶ 借钱就得"打开天窗说亮话" ◀

借钱这事就得"打开天窗说亮话",把一切都摊在桌面上讲明白。

第一,把借钱的目的说得一清二楚。比如说:"兄弟,我最近想买辆车,手头稍微有点紧,能不能借我点钱周转一下？"这样,对方就知道你的需求了,也能理解你的处境。

第二,写借条。你可以这样说:"来,我写张借条给你,保证按时还钱。这样咱们都放心。"借条上通常要写明借款金额、还款日期等信息,让对方感受到你的诚意和责任感。

第三,找个知情人做证。你可以邀请你们共同的朋友或亲人作为知情人，让他在借条上签字。这样既能增加对方的信任感，也能避免未来可能出现的纠纷。

第四，让对方保存好转账记录或转款凭证。你可以提醒对方："别忘了保存好转账记录，这样咱们以后对账就方便了。"这样做不仅能让对方感到安心，也能为你们之间的借贷关系提供有力的证据保障。

▶ 话术实践 ◀

向别人借钱时，有哪些事情是一定要和对方说明白的呢？

1. 合理的理由

我想投资一个项目，可是钱不够，你能先借我点吗？这是项目的资料，你可以看看。

我想找你借点钱。我妈病了，急需做手术，医院都下病危通知书了。

向别人借的时候，别人会先评估是否借给你钱。想要提高成功的概率，你需要陈述自己的借款理由，最好能够提供一些证据，证明理由的合理性。

2. 明确还款时间

我想在年底把钱还给你，你觉得可以吗？不行的话，还可以再提前一点。

下个月客户会给我一些货款，到时候我就拿来还给你。

借钱的时候，即便对方表示不着急还，你也要主动明确还款时间，不要用一些模糊的话，比如"过段时间还"或者"手头宽裕就还"，告诉对方你在什么时间可以还钱，这样能显示出你的诚意。

借到钱后要多沟通，
别让钱成为破坏友谊的工具

当你成功借到钱后，你可能会觉得与那位借给你钱的朋友之间的关系发生了微妙的变化。原本你们是平等的朋友关系，但现在，这层关系被加上了一层"债务"的色彩。

你会发现，自己在与他交流时开始变得小心翼翼，每个字、每个词都要仔细斟酌，生怕触碰到什么敏感点。之前你们可以随意开玩笑，无拘无束地交谈，但现在，你却总感觉有些拘束。

渐渐地，你们之间的聊天也会变得越来越少。那些曾经充满欢声笑语的时光，似乎已被客套和沉默所取代。你们之间的联系，似乎仅限于还款的时候，或者当你暂时还不上钱，需要向他解释的时候。

▶ 案例在线 ◀

你："哥们儿，最近手头有点紧，能借我点钱吗？"

朋友："当然可以，你需要多少？"

你："8000 元，可以吗？我三个月之后还你。"

朋友："没问题，不着急还。"

这时，你的心情应该是愉悦和感激的。你因为手头紧而向朋友借钱，而朋友非常给力，爽快地答应借给你 8000 元，并且表示并不急于让你还钱。这无疑让你松了一口气，感受到了朋友之间的深厚情谊和支持。

在这个时候，你还没有意识到这次借钱会给自己与朋友的关系带来任何负面影响。你心中更多的是对朋友的感激和对问题已经解决的喜悦。

几周后，你们在聊天中提到欠钱。

你："今天买了点东西，又花了不少钱。唉，每次花钱我都想起还欠你钱，心里真不是滋味。"

朋友："哎呀，别放在心上，我都说了不急着还。"

随着时间的推移，你们聊天的频率逐渐降低。

你心里总是担心朋友会这样想："唉，这家伙，借了钱之后怎么还有心思花钱享受呢？"其实，这种担忧是因为你太在意朋友的看法，你总想保持那个"靠谱"的形象。

不过，朋友倒是很大气，摆手说"不急不急，还钱的事儿慢慢来"。看来，这"罪恶感"多半是你自己给自己加的"戏"，朋友可没那么想。

时间一长，你就开始躲着朋友，不敢提花钱的事儿，生怕一说起来，心里那个"我还欠着钱呢"的声音就跳出来搞乱。结果，你们聊天的次数越来越少，因为你总是在避免那些可能让自己尴尬的话题。

你："我终于把钱攒够了，这是还你的 8000 元，谢谢你！"

朋友："哦，好，其实你不用这么急的。"

你："我总觉得欠着你的，心里不踏实。你有没有觉得，自从我借钱后，咱们俩都没怎么好好聊过？"

朋友："是啊。"

你："感觉因为这事儿，咱们俩的关系都变得有点疏远了。"

朋友："确实有点，但我觉得钱是钱，友情是友情，两者应该分开。"

你："你说得对。以后我们还是多聚聚，别影响我们的关系。"

聊着聊着，你不仅把钱还了，还顺便跟朋友深入探讨了友情和沟通的重要性。你突然意识到，自从借了钱，你们聊天都少了，关系好像也有点远了。但这个发现可是个好事，给你们改善关系提供了好机会。

你提议"多聚聚"，这就足以看出你对友情的珍视，以及你愿意为了维护这份关系而努力。

总的来说，你这次主动沟通和积极解决问题的态度，不仅让你信誉倍增，还再次证明了沟通在人际关系中的重要性。继续保持这种好态度，你们友情的小船会越驶越远。

▶ 不要借了钱就"玩消失" ◀

借了朋友的钱之后，跟朋友的沟通和交流是个大学问。有些人一拿到钱就跟消失了一样，跟朋友的联系都断了，这种做法可是对友情很不利。

要知道，朋友愿意把钱借给你，是出于对你的百分之百的信任和想帮你一把的好心。但如果你拿了钱就消失了，那这份信任就会慢慢消磨掉，说不定还会让友情的小船说翻就翻。

说到借钱后的沟通，那可不是只说还钱的事儿那么简单。更重要的是，你得跟朋友保持心贴心的联系。多跟朋友聊聊天，表达一下你的感激之情，让人家感受到你的真诚和尊重。同时，也别忘了关心一下朋友的感受和想法，避免因为误会或者猜疑而闹出不愉快。

多沟通还能让你们之间的友情更加牢固。在聊天的过程中，你可以跟朋友分享你的生活琐事、工作心得，还有那些开心或不开心的事儿。这样一来二去，你们之间的了解和信任就会越来越深，友情自然也就更加深厚。

总之，不要因为借钱就觉得关系发生了转变，最好的办法就是保持原有的聊天习惯、聊天频率，不要因为借了钱就"急转弯"。

多沟通、多交流，这可是维护和发展友情的关键所在。别让借钱这件事成了你们友情的绊脚石，相反，要通过积极的沟通让你们的友情更上一层楼。

▶ **话术实践** ◀

向朋友借钱之后，该如何和朋友聊天，维护彼此的友情呢？

1. 关心对方的近况

你最近怎么样？听说你前几天不太舒服，有没有去医院呀？

我感觉你这几天情绪不太好，是不是出什么事啦？跟我说说呗。

在和朋友聊天的时候，你可以多问候对方的近况，关心他们的生活、工作、家庭和健康等，表达自己的关切之情。

2. 分享自己的生活

我最近谈了一个大单子，老板说要给我发奖金，这是我最近最好的事啦。

我最近学会了不少新菜，回头让你尝尝我的手艺。

你还可以在和对方聊天的时候，分享一下自己日常生活中的小事情，让对方了解你的生活状态。

及时还钱，
别让欠债成为你的负担

你手头有点紧，赶紧向亲朋好友发出求助信号。他们就像超人一样，立马回应你，给你送来"救命钱"。拿到钱的你，心里十分感激，简直无法用言语来形容，同时你也在心里默默发誓：等有了钱，我第一时间就还上，绝不赖账！

不过，总有那么一些人，总是找各种五花八门的理由不还钱。他们可能觉得能拖就拖，说不定哪天债主就忘了这件事。但这种行为不仅仅是欠了别人的钱那么简单，这更是对朋友之间那份难得的信任和情谊的践踏。

你得知道，每当你从别人手里接过那些救急的钱，背后都是一份沉甸甸的情谊和对你满满的信任。如果你拖着不还，那这份信任会被你一点点磨没了，而且很快你会变得"臭名昭著"。

案例在线

你："兄弟，最近有点想法，想跟你商量一下。"

发小："啥事儿，直说无妨。"

你："我想买辆车，提升一下生活质量。但现在手头有点紧，能不能从你这儿借点钱？"

发小："买车可是大事儿啊，你确定现在买得起、养得起？"

你："确实是超前消费，但我计划好了，年底的奖金加上平时的积蓄，应该能还上。就借 2 万元，年底一定还给你。"

发小："嗯……既然你计划好了，那我就支持你一把。钱转给你了，记得按时还哦。"

虽然你已经定好了还款计划，但借钱之前你心里有点小紧张，毕竟谁也不想欠人情。你老是担心发小会拒绝，或者眉头一皱，觉得你这个决定有点冒险。

同时，你心里也犯嘀咕，未来能不能按时还上？这个问题就像块小石头，总在你心里悬着，让你时不时就得琢磨一下。

（几个月后，年底将至）

你："兄弟，真的很抱歉。我原以为年底能攒够钱，但没想到有些额外的开销。目前只攒了 1 万元，先还给你这些？"

发小："这样啊，没关系，这 1 万元我就先收下。过个好年再说。"

你："真的很感谢你，兄弟。过完年我一定努力攒钱，尽快还你。"

你原本拍着胸脯，信誓旦旦地跟发小说年底绝对还清全部借款，可谁能想到，总是有意想不到的额外开销，比如家人生病、投资失败等。

结果到了年底，你只能先还上一小部分钱。这让你心里很不是滋味，感觉自己像是个说话不算数的小人。

（过完年的两个月后）

发小："你欠我的那剩下的 1 万元钱，什么时候能还我？"

你："对不起，兄弟，我这两个月确实有些紧张。但下个月发了工资，我一定还你。"

发小："好吧，那你得记住了。我也有用钱的时候。"

（一个月后）

发小："那 1 万元该还我了吧？"

你："我这个月发工资后，本来是想先还你的，但家里突然有些事情需要钱。我现在还差 1000 元，能不能再给我点时间？"

发小："唉，好吧，但下次发工资，你得第一时间还我。我也有我的计划。"

你："一定，一定。下次发工资，我绝对第一时间还你。"

你知道自己还欠着发小 1 万元钱，而且拖了很久，并为此倍感内疚，但依然一拖再拖。

同时，你也觉得对不住发小，他当初可是出于对你的信任和哥们儿情谊才借钱给你的。

你开始担心，要是再继续拖下去，和发小的关系可就分崩离析了，自己的信誉也会毁于一旦。

及时还钱，天经地义

遵守还钱的时间是维护个人信誉的大事。在人际交往的江湖里，信誉就是你的"面子"，就是你的"金字招牌"，你得时刻把它维护好。

如果真的需要延迟还款时间，正确的做法是：

提前"说清道明"：提前跟出借人打个招呼，说明情况，请求延期。

定个新计划：商量新的还款日期，并确保你能把钱还上。

诚恳道歉：别忘了表达歉意和感激，毕竟对方肯借钱给你，已经是很大的情分了。

严格执行新计划：一旦答应了新的还款时间，就努力做到，别再让对方失望。

给点补偿：如果条件允许的话，给点补偿或者利息，表示一下你的诚意，这样大家都开心。

▶ **话术实践** ◀

如果不能及时还钱，可以采用以下方法和对方沟通，避免影响你的信誉：

1. 请求延期

本来钱都存够了，可是我爸突然生病，把钱都花了。你能再宽限我一段时间吗？

真是不好意思，我这个月没法还你钱了，你能多等些日子吗？

万一出现意外，真的不能按时还钱，你应该尽早跟朋友说明情况，希望对方能够多宽限你一些时间。

2. 约定好新的还款时间

我想年底再还你钱，你看可以吗？这次我一定说到做到。

这2万元钱先还你，另外一半我想下个月再还你，你看行吗？

在请求延长还款时间的同时，你还要和对方约定好新的还款时间，尽量不要再违约，否则的话就会影响你的信誉及你们之间的关系。

▶ 借钱小知识 ◀

朋友借钱用房产证抵押可以吗?

一般来说是可以的,不过以房产抵押的,应当设立抵押登记,否则抵押不发生法律效力。

除了房产等不动产可以做抵押物,其他动产(机器设备、交通工具、流通票据等),有价证券(存单、债券、股票等),权利证书(土地证、房屋产权证、汽车产权证等),也可以做抵押物。

借款人逃跑了怎么办?

借款人逃跑,出借人可以自己或是委托律师查找借款人是否有房产、车辆等财产,是否有工作单位,也可以和对方的家属进行协商。如果找不到借款人,出借人可以向借款人户口所在地的人民法院提起诉讼,诉讼时可以要求法院公告送达。如果对方名下确有财产,出借人可以申请财产保全,将对方的相关财产先行查封冻结,防止其恶意转移。公告期届满借款人仍不应诉,法院可以缺席审理,或者胜诉后向法院申请强制执行。如果借款人有单位的话,法院可以在其工资中将欠款扣除。

民间借贷的诉讼时效是多长时间?

民间借贷的诉讼时效一般是 3 年,自还款期限届满之日起计算。没有约定还款期限的,债权人可以随时要求还款,诉讼时效是自债权人第一次向债务人主张权利时起算(除中止、中断情形)。起诉和向债务人催收都能产生诉讼时效中断的效果。因此,债权人在催收时一定要保留好证据,证明自己在主张权利。催收证据有很多种,比如通话记录、手机短信、微信聊天记录等。

第六章

向谁借钱，
怎么开口，很关键

亲人才是你"无路可走"时的依靠

生活总是时不时地给我们出些难题，就像那种缺钱时的压力，简直让人头疼不已。这个时候，我们或许会先找身边的好朋友帮帮忙，看能不能借点钱来解解燃眉之急。可是，有时候，就算是铁哥们、好闺密，也未必能及时拉我们一把。

这时候，我们的思绪会不自觉地飘向那些和我们流着相同血液的家人。他们不仅仅是我们心灵的港湾，更是我们面临困难时的超级救星。

▶ 案例在线 ◀

老板："小张啊，跟我出去应酬一下，晚上有个重要的商务晚宴。"

你："好嘞，老板。需要我准备些什么吗？"

老板："不用了，你就跟我一起去吧。对了，今天这场合可能回来得有点晚，如果我喝得有点高了，你就负责把账先结了。你先垫付，回头找财务报销就行了。"

你："没问题，老板。您放心，我会处理好的。"

你与朋友的对话：

你焦急地打电话给朋友："喂，老李啊，我现在手头有点紧，能借我点钱应应急吗？过几天就还你。"

朋友老李："哎呀，小张啊，真不好意思，我最近刚买了新房，手头也紧得很啊。"

你："哦，这样啊，没关系的，我再想想办法。"

你接连打了好几个电话，但朋友们都因为各种原因没法借钱给你。

当你开始向朋友们寻求帮助时，心里其实有点小期待，毕竟你一直以为这些朋友在关键时刻会像你一样毫不犹豫地伸出援手。

可是连续问了好几个朋友，结果都被拒绝了，这种感觉就像是从满怀期待的山峰一下子跌到了谷底。

而你不选择第一时间去跟父母或者亲朋好友开口，或许是因为你觉得自己独立，又或许你想保护家人，再或者是自尊心在作祟。

你与爸爸的对话：

你："喂，爸，是我。"

爸爸:"怎么了,儿子?声音听起来有点不对劲,是不是遇到什么事了?"

你:"今晚公司有个应酬,老板让我先垫付餐费,但我最近刚买了车,手里现金不够了。本来想找朋友借点的,但他们也都有困难。您能不能先借我点钱?"

爸爸:"要多少,儿子?"

你:"5000 元应该就够了。"

爸爸:"没问题,我这就给你转账。你等着,别挂电话。"

当你向爸爸开口借钱时,他没有任何犹豫,而是直接询问你需要多少钱,并立即表示会转账给你。这种行为让你感受到了家人无条件地支持和理解。这种支持不仅仅是金钱上的,更是情感上的。

在你因为资金问题而焦虑的时候,爸爸的实际行动迅速解决了你的困境,让你的心情得以平复。

你内心可能也充满了对爸爸的感激之情。他不仅在物质上给予了你帮助,更在精神上给予了你鼓励和支持。

(过了一会儿)

爸爸:"好了,钱已经给你转过去了,你查收一下短信。"

你:"收到了,爸,谢谢您。"

爸爸:"跟爸就不用客气了。你是我儿子,有困难尽管开口。"

你:"嗯,我会的,爸。那您早点休息,我先挂了。"

爸爸:"好,你也别太累了,儿子。"

▶ 家里人会在紧要关头"救"你 ◀

年轻人在向家里人开口借钱时感到不好意思,无外乎有以下几种原因：

追求独立性：年轻人总是想展现出自己的独立和自主。他们希望自己能像超人一样，独自解决生活中的种种困难，不靠家人也能活得风生水起。当需要向家人借钱时，这种"求助"行为就好像打破了他们的独立形象，他们心里就会产生一种"我真没用"的情绪。

维护自尊心：年轻人有着满满的自尊心，他们希望自己在家人眼里是闪闪发光的成功者，是独立自主的楷模。而借钱这事儿，说实话，有点让人觉得"弱势"，好像跟他们想要维持的那个超级厉害的形象有点不符。所以，一想到要向家人借钱，他们就会觉得有点小尴尬，脸上有点挂不住。

呵护家人：很多年轻人对家人有着深厚的感情和期望。他们不想让家人因为自己的经济问题而操心或者担忧。这种对家人的爱和关心，也会让他们在借钱的时候觉得心里过意不去，好像亏欠了家人。

对未来的焦虑：借钱往往是因为现在手头有点紧或者规划没做好。年轻人可能会担心家人会因此对他们的未来规划和财务管理能力产生怀疑。这种对未来的不确定性和焦虑，会让他们在借钱的时候更加觉得不好意思。

无条件支持：说到无条件支持，家人绝对是第一名。不管你有多狼狈，他们总是毫不犹豫地伸出援手。这种支持，全靠亲情和爱心"发电"，跟那些只看重利益的借贷机构决然不同。

理解和包容：家人比别人更懂你，他们不会只盯着你的信用分数，而是真心实意地理解你的困境，随时准备拉你一把。

灵活性：跟银行贷款比起来，家人之间的"借钱游戏"要灵活，他们可能会根据你的节奏来调整还款时间。

情感支持：除了金钱上的帮助，家人还能提供情感上的支持。除了给你钱，家人还是你的"心灵按摩师"。在你为钱发愁的时候，他们的鼓励和支持，能够治愈你的心灵。

不过，虽然家人靠谱，也得小心处理与家人间的金钱往来。多聊聊，订个合理的还款计划，这样大家都能开心，避免因为钱而闹得不愉快。

当然，在向家人借钱之前，还是自己先试试别的办法吧，别轻易向家人开口。这样既能锻炼自己的独立能力，又不会让家人太操心。

▶ 话术实践 ◀

想要向亲人借钱，该如何说才能既解决问题，又能避免尴尬呢？

1. 坦白自己的困境

我最近要进货，客户还没给我货款，您能不能先借我些钱？

我失业了，家里的开销实在太大，想找您借些钱应应急。

当你决定和家人借钱的时候，你一定要坦诚地说明自己目前的困境，不要隐瞒或掩饰，这样反而会让家人更加担心和不信任你。

2. 表达自己的感激和歉意

谢谢您的帮助，这下我更有信心了，我一定能再找到工作的。

给您添麻烦了，真是不好意思，但是不用为我担心，我没事的。

和家人借钱时，你也要注意态度和语气，要保持平和、诚恳的态度，不要用命令或抱怨的语气，可以适当表达出自己的感激和歉意。

跟亲人里的"单身贵族"
更容易借到钱

当你准备跟家里的表哥表姐或者堂兄堂妹去借钱，你会无差别地开口，还是有选择地开口呢？

这个问题的答案五花八门，大多数人心里都会有个小算盘，琢磨着找哪个亲戚最靠谱。毕竟，大家的经济实力和人生阶段都不一样，挑个合适的"债主"，不仅借钱成功的机会大一些，还能避免让亲戚们因此烦心。

另外，那些还单身的表哥表姐、堂兄堂妹，比起那些已经成家立业的亲戚，似乎更容易借给我们钱。

▶ **案例在线** ◀

你："哥，我有个小事儿想找你帮忙。"

表哥："哦？什么事儿？你说吧。"

你："是这样的，我特别想看我的偶像的演唱会，但是我的工资还没发，所以想找你借点钱。"

表哥："哎呀，这事儿……我现在的钱都上交给你嫂子了，我得去问问她，看能不能借你。"

你："哥，麻烦你了。"

这时你心里像揣了只兔子，既期待又紧张。偶像的演唱会，是你心心念念的大事。表哥一直是你心目中的"救星"，你觉得他肯定能帮你搞定这个小烦恼。

可是，当表哥说借钱得先问问媳妇的意见时，你心里咯噔一下，有点慌神了。

你的嫂子会不会觉得这个请求太"奢侈"了？毕竟看演唱会这种娱乐活动，在你嫂子眼里可能不是生活必需。一想到这儿，你就开始犯嘀咕了。

再说，你也不想让表哥因为这事儿跟你嫂子闹不愉快。你开始内疚，感觉自己好像给表哥添麻烦了。

你："唉，我想去看演唱会，但是钱不够。我刚才已经找了我表哥借钱，他说他得去问表嫂。"

舍友："哈哈，你表哥结婚后，财政大权肯定不在他手里啦。这种玩乐的活动，你表嫂可能不会支持。"

你："是啊，我也这么觉得。那我现在该怎么办呢？"

舍友："要不你试试找没结婚的亲戚借借看？"

你："对啊，我怎么没想到呢。我表姐已经工作了几年，而且她还没结婚，找她借钱可能更有希望。"

舍友："去试试，说不定她会支持你去看演唱会。"

在舍友也指出表嫂可能不会支持此类娱乐活动后，你感到更加失落，只不过失落很快就消散了，因为舍友给你提供了一个新思路。

你："姐！我有事儿找你！"

表姐："怎么了？这么激动。"

你："姐，我想去看我偶像的演唱会，但是钱不够，能借我点儿吗？"

表姐："没问题，我这就给你转 2000 元过去，够了吗？"

你："够了够了，我发了工资就还你！"

表姐："哎，对了，我也想去看。要不我再转你 2000 元，你帮我一起买了，咱俩一起去？"

你："太好了！姐，我一定能抢到票！"

一开始，你肯定也是带着紧张而期待的心情去找表姐借钱。你深知向别人借钱并不是一件容易的事，尤其是在涉及个人娱乐活动的时候，因此你心里可能有些许忐忑。

当表姐提出再给你 2000 元，让你帮忙一起买票，一起去演唱会时，你的喜悦之情更是溢于言表。你不仅解决了资金问题，还能和亲近的人一起分享这份快乐，这简直是天降大礼，比预期的还要美好。

你："哥，谢谢你。我已经从表姐那里借到钱了。还是很感谢你帮我问表嫂。"

表哥："好的，那你们就好好去听演唱会吧。"

▶ 向单身的人借钱为什么更容易 ◀

为什么单身的表哥姐、堂兄妹比已婚的更容易借钱给你呢？

经济自由度：单身的表哥姐、堂兄妹简直就是"自由飞翔的鸟儿"，他们没有家庭，财务更自由。而已婚人士得考虑另一半的收入、家里的开销，还有孩子们的教育费。他们钱包里的钱，可不是那么容易拿出来的。

决策自主性：单身的表哥姐、堂兄妹就是"独行侠"，做决定时不用跟任何人商量。但已婚人士需要跟家人商议。

生活压力与责任感：单身的表哥姐、堂兄妹"逍遥自在"。而已婚人士对于借给别人钱这件事往往要三思而后行。

社交圈和生活重心：跟单身的表哥姐、堂兄妹借钱时，其实也需要技巧。如果你借钱是为了娱乐活动，那何不试着邀请他们一起参加？你可以这样说："嘿，亲爱的表哥，我打算去看×××的演唱会，你有没有兴趣一起？不过我现在手头有点紧，你能不能赞助我一点？"

▶ 话术实践 ◀

向亲人中的"单身贵族"借钱时，有哪些注意事项呢？

1. 提供明确的还款计划

这6000元钱我会在3个月内还清，每个月还你2000元，你看行不行？

我打算半年内，分期把钱还给你，再给你些利息，怎么样？

向单身的平辈借钱时，你可以告诉对方你打算在多长时间内还清欠款，并且说明具体的还款方式，这样可以显示出你的责任心和可靠性。

2. 尊重对方的决定

谁的钱都不是大风刮来的，我理解，没事的，你放心吧。

我知道你赚钱也不容易，我再想想别的办法。

虽然向单身人士借钱更容易成功，不过如果对方不愿意借给你钱，你也应该尊重对方的决定，不要埋怨，更不要责怪对方。

朋友里面有一两个
借钱给你，你应该珍惜

如果你现在打算开口借钱，是不是心里已经在默默盘算，觉得那些你口中的"好哥们儿"肯定会纷纷慷慨解囊呢？事实并非如此，甚至会让你大失所望。

说实话，虽然你和你的朋友关系好得不得了，但你能百分之百确定，他们此时此刻都手头宽裕，有可以随意借出的闲钱吗？别忘了，每个人都有自己的打算，有时候不是他们不仗义，而是生活这个复杂的剧本总有许多意料之外的情节。

▶ **案例在线** ◀

你与小李的对话：

你："我今天来找你是有点事想请你帮忙。"

小李："怎么了？有什么事就说吧，能帮的我一定帮。"

你："我今天开车的时候不小心剐蹭了别人的车，责任主要在我。

现在需要修车，我手里钱不够，想跟你借 1 万元钱应急。"

小李："啊，这个……我其实很想帮你，但我的钱大部分都买了理财产品，现在真的拿不出 1 万元钱的闲钱来。"

你："哦，这样……没关系，我能理解。那我再去问问其他人。"

听到小李因为钱都买了理财产品而无法借给你，你可能会有点蒙，感觉像是被打了个措手不及。第一次开口借钱就遇到这种状况，确实有点让人哭笑不得。

你可能会觉得有点尴尬，就像是在舞台上突然摔了个跤。出师不利，这对你来说无疑是个小小的打击。不过，谁还没摔过几个跤呢？

你可能会开始反思：是不是自己太唐突了？是不是其实我跟他的关系没那么"铁"？不过别担心，这只是个小插曲。

你还没有到不能接受的地步。你能够理解小李的处境，并表现出一定的成熟和理性。你并没有因为小李的拒绝而对他产生怨恨或不满，而是选择接受现实，并决定再去问问其他人。

你与梁哥的对话：

你："梁哥，我有点急事想找你帮忙。"

梁哥："你说吧，怎么了？"

你："我今天开车出了点小事故，需要修车，但手里钱不够。我想跟你借 1 万元钱，等保险公司赔了或者我周转过来就还你。"

梁哥："哎呀，兄弟，真的很抱歉。前段时间家里老人生病了，花了不少钱。我现在手里闲钱也不多，真的没有办法借给你。"

你："没关系，梁哥，我理解。我再想办法吧，谢谢你啊。"

原本，被小李拒绝之后，你心里有那么一丝难过和失望，不过你并没放弃，依然怀揣着乐观和期待，觉得梁哥或许能帮你一把。

哪知道，梁哥也拒绝了，这一下，你的心情简直像从热气球上突然掉下来一样，失望和沮丧就像潮水一样涌上心头。这种感觉就像你兴致勃勃地去参加游园会，结果连续两次都抽中了"谢谢参与"。那种接连碰壁的滋味，确实有点让人难过。

不过，你是个明白人，知道借钱这事儿得看别人愿不愿意。就算人家不借，你也不能翻脸不认人。所以，尽管心里五味杂陈，你还是得收拾心情，继续前行。

你与发小的对话：

你："兄弟，我今天找你有点急事。"

发小："怎么了？你说。"

你："我开车剐蹭了别人的车，现在需要修车，但钱不够。你能借我1万元钱吗？等事情解决了我马上还你。"

发小："没问题，我这就给你转账。修车要紧，你先去处理吧。"

你："太感谢了！你真是帮了我大忙！"

在经历了之前的碰壁之后，你终于从发小那里成功借到了钱，此刻你如释重负，欣喜若狂。内心的小宇宙仿佛爆发出一股暖流，将之前的阴霾一扫而空。

▶ 跟朋友借钱没那么容易 ◀

你知道吗？跟朋友们借钱，有一两个肯出手相助，那就不错了。这背后有以下几个原因：

财务状况与个人需求：每个人都得过日子，都有自身的情况要考虑，哪怕朋友们口袋里有点钱，他们也得考虑自己的生活和未来。所以，有时候他们可能真的拿不出多余的钱来借给你。

风险考量：借钱的风险可不小。他们得担心你不靠谱，还得考虑自己的生活会不会受影响。这种纠结，会让他们望而却步。

人际关系与信任：虽然你们平时关系很好，但一谈到钱，气氛可能就有点微妙了。有些人就是因为钱的问题，导致友情破裂。

个人价值观和原则：每个人都有自己的原则和底线。有的朋友比较保守，不会轻易把钱借给别人。他们可能觉得，借钱还是得通过正规渠道去解决，比如贷款。

> **话术实践**

当你的朋友对你慷慨解囊时，可以采用下面的方法给对方一些回报：

1. 请吃饭或送礼物

谢谢你借给我钱。你明天有时间吗？我想请你吃顿饭。

正好你的生日到了，我买了礼物送你，谢谢你对我的帮助。

如果朋友同意借钱给你，你除了要表示感谢之外，还要在适当的时候给予对方一定的回报，比如请对方吃一顿饭或者赠送给对方一个小礼物。

2. 给对方力所能及的帮助

听说你妈病了，你怎么不跟我说呢？我这里有 5000 元钱，你先拿去用吧。

你什么时候搬家？告诉我时间，我来帮忙。

朋友愿意借给你钱是一种很大的帮助，当对方遇到困难的时候，你也应当给对方力所能及的帮助，这样友情才能越来越深。

脸皮厚一点，姿态低一点，跟同事也能借到钱

你是不是觉得跟同事借钱是一件超级尴尬的事？毕竟，工作场合大家都是公事公办，谁愿意把个人财务问题带到办公室来呢？但是，生活总是充满了意外，有时候我们真的可能会遇到一些资金上的难题。这时，同事其实也可以成为我们的"救星"。

当然，向同事开口借钱确实需要一点点"厚脸皮"。但这里的"厚脸皮"不是指无理取闹或者强行索取，而是要有勇气去表达自己的真实需求。毕竟，每个人都有遇到困难的时候，而诚恳地寻求帮助并不是什么丢人的事情。

▶ **案例在线** ◀

你与朋友的对话：

你："老王，我最近有点困难，想跟你借点钱。"

老王："怎么了？需要多少钱？"

你："我生病了，需要做个手术，还差 5000 元钱，你看能不能借我点？我会尽快还你的。"

老王："哎呀，真是抱歉，我最近也遇到了一些困难，手头有点紧，你可以考虑跟身边的同事借一下。"

你："跟同事借钱？我有点不好意思开口。"

老王："其实同事之间互相帮助挺正常的，你跟他们解释一下你的情况，说不定有人愿意帮你。试试看吧，总比一个人承担要好。"

老王建议你向同事借钱，这个提议可能是你之前没有考虑过的。这可能会让你感到有些意外，因为你可能认为向同事借钱是一件难以启齿的事情。你之前从没想过跟同事开口借钱，总觉得有点尴尬，好像打破了某种职场界限。

不过，你心里还真是纠结。一想到要跟同事谈钱，你就感觉头皮发麻。你担心同事会觉得你唐突，或者觉得你是个"麻烦精"。而且，你也不想给同事们添麻烦。

你与同事张华的对话：

你："华哥，你现在方便吗？我有点事想跟你说。"

张华："当然，怎么了？看你的样子好像有什么心事。"

你准备跟张华搭话时，心里七上八下，好像有个小鼓在胸膛里咚咚咚地敲个不停。毕竟，你要跟他聊的可不是什么轻松话题，而是有点私密的烦恼，最后你还得厚着脸皮请他帮个忙。你不知道张华听了会怎么想，会不会愿意帮你一把，这种摸不着头脑的感觉，真是让人心里没底，有点紧张，也有点期待。

你："对，我确实遇到点问题。我……我生病了。"

张华："啊？严重吗？"

你："需要做个小手术，但手术费还差一点。"

张华："差多少？"

你："5000 元。"

张华："我借给你吧。"

你："我真的不想麻烦别人，但……"

张华："5000 元钱我还是可以拿出来的。你先把手术做了，不用着急还。"

你："真的吗？华哥，太感谢了！"

张华："手术什么时候？"

你："有了钱就可以安排了。"

张华："好，我马上转给你。"

你："我一定会尽快还你的！"

张华："先别说这些，治病要紧。钱不急，身体才是第一位的。"

在提到需要借钱做手术这个话题时，你突然感觉有点别扭，你担心这事儿会让张华觉得你是个负担，或者给你们本来挺好的关系带来负面影响。

可没想到，张华很够意思，二话不说就表示愿意借钱给你，还说不急着让你还。这一刻，你感觉自己像是有了一面坚固的盾牌，变得更加勇敢、更有力量了。

▶ 必要时，要勇敢跟同事开口借钱 ◀

跟同事借钱，为什么需要勇气？借钱这种话题，很敏感。特别是跟同事聊这个话题，同事之间本来就是工作搭档，突然要变成"债主"和"债务人"的关系，压力可想而知。

但是，跟同事借钱也有好处。比如，能迅速解决手头紧的问题，像是突然要支付医疗费用或者应对其他紧急情况。而且，如果同事愿意借钱给你，那说明你们之间的关系要比你想象的要好，你们之间的信任和友谊有可能因此变得更深厚。

不过，坏处也是有的。比如，如果借钱或者还钱的过程中出现纠纷，那你与同事的关系会很尴尬。

所以，跟同事借钱之前，确实得好好斟酌斟酌。毕竟，这不仅仅关系到钱的问题，还关系到人际关系和个人形象。

▶ 话术实践 ◀

想找同事借钱时，应该采用哪些方法才能更容易借到钱呢？

1. 放低姿态

说起来真不好意思，孩子要住院，我手头钱不够，您能不能借我5000元钱？

兄弟，我遇到点状况，你能借我点钱周转一下吗？下个月发工资我就还你。

在和同事开口借钱时，你说话的语气要尽量缓和一些，把自己的姿态放低一点，不要把面子当回事，说话时要表示出对同事的尊重。

2. 找和自己关系好的同事

张大哥，本来不应该找你借钱的，不过在单位里我和你比较熟，你千万别怪我。

刘姐，你能借我点钱吗？你平时对我不错，我下个月一定还给你。

和同事借钱，你最好找那些平时和自己关系不错、比较熟悉的人，虽然他们不一定会借给你，但是成功率较高。

▶ 借钱小知识 ◀

把钱借给别人时，有哪些证据需要保留？

借款时一定要保留好借条，最好能保留当时的录音、聊天记录、第三方证明等证据。这些证据可以在诉讼时证明借贷双方达成了借款合意。此外，要保留好给付借款款项的相关证据，比如转账账单、银行流水凭证等。如果是现金给付，需要保留好支取现金及交付给对方现金的证据，可以是借款人出具收到现金的收据，最好有无利害关系的第三人进行见证。如果只有借条，却没有把钱交付给对方的证据，那么，作为出借人，在诉讼时很可能面临败诉。

想要起诉借款人，只有借条，没有转账记录，怎么办？

只有借条，没有转账记录也是可以起诉的。借条可以证明双方借贷关系的存在，起诉时如果有到银行取款的证据，可以一并提交给法院。出借人向人民法院提起民间借贷诉讼时，应该提供借据、收据、欠条等债权凭证以及其他能够证明借贷关系存在的证据。

想要起诉借款人，只有转账记录，没有借条，也没有其他证据，怎么办？

出借人仅依据金融机构的转账凭证也可以向法院提起民间借贷诉讼。提供转账记录便完成了基础的举证责任，如果借款人抗辩转账系偿还双方之前借款或者其他债务的，其应当提供证据证明。如果借款人能举证证明该笔转账有其他用途，则出借人需要就双方借贷关系的成立承担举证责任。